兒童及青少年心理個案

專家會診及治療

羅健文 著

兒童及青少年心理個案——專家會診及治療
作者／羅健文
策劃編輯／伍詠慈
協力編輯／史曉晴
美術設計／劉碧雲
出版發行／突破出版社
香港沙田亞公角山路33號突破青年村
電話：2632 0000　傳真：2632 0388
電郵：breakthrough@breakthrough.org.hk
網址：http://www.breakthrough.org.hk
http://www.btproduct.com
承印／海洋印務
2014年10月初版1刷
2017年12月初版2刷

Family Crisis: Clinical Practice in Children and Teenagers' Cases
by Brian Law K. M.
First Printing, First Edition, October 2014
Second Printing, First Edition, December 2017

Printed in Hong Kong
ISBN 978-988-8246-34-2

誠邀閣下就突破出版社的書籍發表意見
歡迎加入突破書籍 Facebook page — http://www.facebook.com/btbooks.page
本書採用環保油墨印刷

生　活　與　輔　導

關懷、連繫、復和、

溝通、對話……

凝視心之脈動，

直到重新尋獲自己的心。

目錄

導言

家庭治療師的需要

在協助兒童與青少年面對成長考驗和困擾的歷程上，治療師要兼顧他們家庭的支援工作，對這個臨牀心理工作即使已駕輕就熟，仍感專業發展之路漫長。治療師與家庭同行，陪同他們走過一個跌宕起伏的成長歷程，是一種把實務理論應用到治療技術上的磨練。每一次治療師再訪家庭，都可能看到新的境遇又或新問題，怎樣增強受助家庭的生活適應能力，發展出新的局面，實在需要以臨牀個案研究為基礎。過程中，治療師需要專業評估和介入的案例，確切了解受助家庭的處境和文化背景，才能做到以家庭為中心的心理支援。

本書目的

在坊間，探討「兒童和青少年精神疾患與如何支援家庭」的書籍並不常見，即使有，也缺乏本地案例。當治療師要走進家庭做臨牀工作，與父母共同協作，培育和發展兒童青少年心智，和處理家庭結構和關係的社會心理層面時，卻大歎這類個案的參考書籍很稀少。況且在現實生活中與家庭同行，無論是診斷或治療，都不能只停留於治療室的面談；除了治療，若要進一步做心理教育或處理親子關係，需要更費心思與時間，故此探討這方面的真實個案甚具價值。如果要找輔導參考書目，可以列出幾本大部頭的英文教科書，但筆者仍感不足以符合和真實呈現本地案例。既然本地參考案例和家庭心理支援的臨牀工作書籍不多，雖自覺有點不自量力，仍盼藉內心的一團火和癡獃傻勁，思忖如何有系統地，把個人對心理輔導和實務手法的臨牀實戰經驗，整理成書，以回應上文提到的需要，填補空白。

案例中，不少遇上問題的家長，都有大學或以上學歷，從事不同的專業，但他們從未接觸過少兒心理問題，對於臨牀診斷、精神病理、治療介入和心理支援，一無所知；希望本書能以輕便精裝，記錄本地兒童和青少年與家庭案例，以深入淺出的方式，討論和描述常見又頗具代表性的個案類型，供遇上同樣問題的家長參考。

兒童和青少年的心智發展和精神疾患，除生理因素外，還涉及家庭、學校、社會和其他環境，在在影響他們的症狀和整體適應方式。本書所挑選的案例，盡可能呈現兒童、青少年及其家庭關係面對的諸多考驗，還有治療師如何提供治療介入和臨牀問題的描述；並引用美國精神醫學會（American Psychiatric Association）的 DSM-IV-TR（精神疾病診斷與統計手冊第四版修訂版）作專業的參考工具。

本書為保障真實案例中人物及其家屬的隱私，他們的姓名、背景及某些具體的臨牀細節已作修改，案例中所有名字純屬虛構。有些案例由數個家庭個案組合而成，旨在說明治療者對相關案例的診斷、治療和支援的想法和考量，拋磚引玉。期待在專業發展路上謙遜的向路人請教、交流學習。

一　兒童及家庭心理支援

1. 健康家庭

每個家庭都是獨特的，又自自然然匯成一個社會系統，這個系統又成了一家人共同生活的支持。家庭為成員提供親密的環境，讓彼此得着照顧、支持和安全感，藉此培育孩童健康成長。不管是核心家庭、分隔家庭、繼親家庭抑或是單親家庭等，也會盡可能發揮情感、教育、保護、經濟、娛樂、身分確認和生育等家庭功能。

由於家庭成員朝夕相處，慢慢建立了生活習慣和有形無形的規例，約束或導引家庭成員。這種固定或可預期的相處方式，就是一個家庭的無形機制，稱之為家庭結構；就是說，家庭生活的相處方式，可以組織起來，建立身分界線、責任分工和角色權力等架構。因應各個家庭結構的互補性和獨特性，要了解不同家庭的結構，不能單靠一般資料，還要了解家庭成員在現實生活中的交往過程和相處經歷，探索各人的關係，從而找出成員之間可能出現的結盟或對峙、糾纏或疏離、權力和分工等實況。

在家庭系統內，家庭成員彼此相依而互相影響，個體的轉變能影響整個家庭，同時，家庭整體的改變也影響着個別成員。有趣的是，家庭是一個有機體，而不是一加一等於二的數學，隨着家庭成員互動所產生的變化和動力，整體家庭變動應比個別相加的總和為多。另一方面，家庭系統內的變化，並不是一條有因必有果的簡單直線，更不能分辨誰是因、誰是果，這只會造成錯誤理解。相反，因果變化是環迴的，任何個別的變動都會牽動其他家庭成員，最終家庭也影響該成員。

健康家庭的定義

根據西方家庭治療的文獻，「健康家庭」(Healthy Family)，有一些共通的特徵——家庭成員既有一種親密關係，但又容許彼此間清晰的界線和有彈性。各成員要尊重家人的個別差異和需要，彼此溝通和表達情感，還要具備解決問題的能力，而夫妻間的權力要平等和彼此尊重。另外，穩定的家庭組織和架構，要兼備明確的家規和擁有共同信念，家庭整體也要具備適應力，有較強的可變性，持開放態度善用社會服務支援和經濟資源。

本地學者曾提出健康家庭涉及五個範圍，這些範疇之間會互相影響：

1 **家庭成員多重角色的反思**——個人在家庭擔當多重角色，角色之間會出現角色拉緊(Role Strain)，即家庭成員不同角色的互相對立，可導致個人產生的張力；和角色提升(Role-enhancement)，即不同角色得到的回報能超越其負面影響。家庭成員反思和考慮個人處境，重新理解不同角色的意義和要求，繼而促進個人成長。

2 **家庭疑聚力和適應性的關鍵因素**——家庭的凝聚力和家庭適應性是家庭經歷改變和面對壓力時的關鍵因素。家庭凝聚力（Family Cohesion），指家庭成員之間的情感連繫、彼此的默契和協商溝通的元素。家庭適應性（Family Flexibility），指成員因應轉變而重新調整家庭中的領導角色、角色關係和關係相處的彈性，裝備在逆境時的調適能力！

3 **家庭成員相處的質與量**——家庭成員珍惜彼此相處時間，相處時要質量兼備，為家人製造美好的回憶。

4 **家庭合宜的經濟計劃**——現實生活包括了製訂財務計劃，發掘和善用資源，讓家庭在物質和非物質生活上更加豐富。

5 **家庭融入社區**——社區生活是家庭的重要範疇，家庭要建立與鄰里間的關懷與凝聚，增強解決困難的社會資源，也是社區支持健康家庭的一環。

2. 當治療師走進家庭

為兒童和家庭提供心理支援時，我看見的都是平常的香港家庭，他們跟我們一樣，走着平常人掙扎的生命歷程。透過進入他們的真實家庭生活，我成為説故事的人，説出他們家的故事！當我走進家庭，伴着他們一起經歷家庭的風浪，期盼着變化。作為心理治療師，我要很全面又客觀的，來觀察家庭呈現的狀況和現象；並從個別事件和行為，尋找成員背後相互的關連與互動關係的穩定模式。這個穩定模式一般都是有迹可尋的，有規可循，端視乎他們的對話、一言一行來掌握。

香港家庭的典型關係

據我們的普遍觀察，香港家庭大多仍由父親擔當「治家者」的角色，是家庭的經濟支柱，一家之主。中國文化着重父權角色、家庭和諧，要求家庭成員間互相忍讓、克己順從和長幼有序。這些文化觀念深深影響着父母對子女的行為和看法，而因着父親那「治家者」的角色，他對家庭及子女的看法，又會影響家庭的運作和解決問題的方式。可惜，這一代愈來愈多「不在家的父親」、「隱而不見的父親」，或是「沒有父親」的家庭，既然父親是中國式家庭的重要人物，**我們應多思考，如何「授能」（Empower）父母，在心理治療和支援過程中，針對父**

親、母親、孩子的三角關係，重整各種角色和位置；幫助父母從關注子女的個人問題，轉移到整個家庭生活的人際層面；協助整個家庭，藉子女疾患或成長危機，重新適應生活，改變現實的困境。

治療者走進家庭時，不能單單把西方學説模式套入本地家庭，而忽視該家庭的文化和歷史對成員的影響。所以，**進行治療時，必須配合家庭本身的文化背景、審度家庭的文化怎樣影響父母的回應和行為，並要考慮怎樣的介入手法能帶來可變的影響，達致有效的治療目的。**

筆者不會為父母刻畫一個個不能達到的理想家庭境界，講述所謂「健康家庭」之道，亦不會解説一些不切實際的家庭溝通技巧。其實很多家庭問題，與婚姻、親子關係都是互相牽連的，難言及誰是問題的惟一主角，更不能指出誰是多重配角！從家庭系統的概念看，成員之間的關聯千絲萬縷，沒有人能看得透父母子女之間的互相依賴、互相糾纏，把各人緊密聯繫的，是難以捉摸的多重關係。

有時，經歷孩子從幼兒成長至青少年的變化階段，父母也要學習適應孩子從對父母完全依賴到獨立分離。當子女邁向青少年階段，學習自主，發展成獨立的個體時，他們也期待父母的關心聯繫和經濟支持，這個自我分化的過程，正考驗父母的角色轉變和親職效能的彈性！子女踏入青春期時，也是反叛期，父母可能面對與子女的角力、與他們爭執和對罵，又要擔心子女沾染不良習慣，不聽話學壞！父母如何回應子女成長的改變，體驗家庭發展階段的不同角色關係、權力調適和經濟變遷，都是處理家庭問題時的重要因素。

家庭發生問題，成員各有不同的看法，而每個人都認為自己在「講事實」。這是由於各人受制於自身的經歷和對問題的敘述，成員對家庭經歷的事件會有不同理解，不難出現多重事實（Truth）的情況。**治療師不會為問題提供答案，只會在支援家庭時，藉治療對話，與家庭成員一起協作。**重點是向前看，幫助成員重新管理生活，讓個人在家庭經歷改變時，從困擾或景況中走出來，重建「健康家庭」。

3. 理解兒童個案

當家中某成員發病，或出現某些症狀時，治療師會走進家庭，尋索發病的原因。**而症狀背後可能與家庭正處於失衡，又或家庭的功能不良有關。**在精神學上，功能（Functioning）是指一個人在日常生活中各範疇的表現，而症狀可能是他回應家庭的不平衡時所作的反應。

當孩子有情緒困擾、出現行為問題，要轉介至精神科，接受心理治療，有的會被處方精神藥物。子女需要接受藥物治療，父母的反應不一，但多數都懷着諸多疑慮和不安，有些家長甚至拒絕讓孩子服藥。對父母來説，妥善處理患病的孩子，接受孩子服用精神科藥物治療，都是重要卻難下的決定。父母要成為子女心理健康的有效守護者，先要認知造成孩子出現精神情緒問題的原因，不單是孩子的心智發展問題，也不能簡化解説為壓力適應問題，或是不良親職管教等問題。有些情緒困擾可以接受「心理治療」，但兒童的精神障礙，往往涉及生理的「病因」。而且，一旦病患嚴重影響孩子的學習、社交和日常生活時，結合心理治療和藥物治療，一定較單單使用藥物治療更見效果。

要理解兒童心理健康治療和成長發展需要，治療師**採用「心智發展視角」，從醫療病因、個人心理因素、家庭理論模式**

等多個角度，幫助兒童康復，並協助家庭每個成員都邁向健康的身心！

心智發展視角看兒童

接觸案主時，首先是進行臨牀診斷，要考慮案主身心的症狀和功能，當中包括：

1 精神健康狀態

2 個人和社會心理因素

3 個人病識感和病患反應

除了參考美國精神醫學會的 DSM-IV-TR（精神疾病診斷與統計手冊第四版修訂版）評估準則外，治療師還要評估案主及其家庭對病患處境的認知和應對能力。

1 精神健康狀態

在小學階段，孩童面對父母師長的期待和要求，便開始關心自己能否達成及滿足這些重要的人的期望，加上孩童的自尊感發展，重視個人能力和成就表現，也想尋求別人的稱讚和肯定。如果他們偶爾表現有閃失、自覺不如別人優秀，或判斷自己沒有機會成功，甚至感覺自己不被人喜歡，這些負面經驗容易使他們感到害怕和失落，形成壓力，繼而導致一些心理行為反應。

2 個人和社會心理因素

在學校和羣體生活裏，經常舉行各式各樣的選拔和比賽。無論父母師長怎樣強調友誼第一，但誰家孩子不想取勝？孩童可能暗地裏較勁，爭取好表現以博取讚許和肯定。成長期間，生活充滿競爭和同儕壓力，如果孩子的個人競爭力受到挫折，會打擊他們的自信心，不知不覺間構成隱藏壓力。

家庭生活狀況與孩童的精神健康息息相關！除了特別的家庭問題，例如父母離婚、家人失業、分離遷徙外，一般來説，在日常生活裏，父母的情緒行為模式也是孩子社教化過程中的重要模仿對象。父母在子女面前展現的言詞神態、身教示範、對人的尊重和精神生活，足以影響子女對生活壓力情境和現實困境的理解和概念。這些價值觀和信念對孩童的人格特質、認知、情緒、行為、生理和精神健康有很大影響。

3 個人病識感和病患反應

當孩童面對壓力後，立刻出現的反應就是隱藏某些要表達的信息。他們的行為、身體反應都是一種壓力警號，較常見的生理反應會出現在皮膚和腸胃上，輕則可能出汗發冷、呼吸短促或小便頻繁等，嚴重的可能反胃、厭食、嘔吐、皮膚敏感或神經抽搐等。同時，孩童在受壓情境下，腦部血液中的可體松濃度增加，海馬體與前額葉對於下視丘的正腎上腺軸釋放的可體松特別敏感，導致生理反應。另外，孩童會出現反抗行為，如容易被觸怒、性急難耐，甚至橫蠻無理或反抗權力，跟平常的表現明顯不同。而且，壓力適應不良也可導致孩童做噩夢、失眠、身體緊繃或行為退縮，促使他們內心不安和思想負面。

4. 常見兒童個案

我們較常遇見的兒童精神問題，包括注意力不足、過動疾患、自閉症、亞氏保加症（香港一般稱呼）、憂鬱症、焦慮症、拒學症、學習遲緩、上網成癮和親子衝突等。當孩子的行為或情緒異常時，家長擔心子女是否出現兒童期精神問題，並會疑惑什麼是發病原因？真的能治愈嗎？我不敢斷言治療師的臨牀工作必然能治愈患病兒童和其家庭，只能透過了解孩子成長的學習經驗，思考治療過程中出現的現象和探索最佳處理辦法，幫助父母提供孩子成長所需要更好的照顧。事實上，我陪伴這些兒童成長時，也經歷挫折、疲憊和困窘。感謝多個家庭的父母和孩子帶給我很多寶貴經歷，大大地豐富並擴展了我在臨牀和家庭支援的治療經驗！

兒童認知模式和障礙

兒童心智發展與生理、心理和社會因素互相影響。兒童生理和心理發展水平，受大腦皮質抑制功能發展是否成熟、生物遺傳或腦部病變所影響；個體的心理發展則受腦神經系統的結構、功能和成熟水平直接影響。

對於兒童心理發展來說，大腦隨年齡增長漸趨成熟，而大腦皮質抑制功能影響兒童認知外界事物、調整和控制行為。至於大腦的發展程度，則受遺傳基因控制，大腦和神經元的結構和功能亦然，這些都會影響兒童的心理狀況、認知思維和個性行為。

簡單來説，兒童發育時期，許多神經元細胞會從腦室壁擴展到腦皮質板上，漸漸建立遠距離皮質的連結。腦結構中的前額葉，與人的注意力、短暫訊息儲存的工作記憶及抑制情緒反應有關；顳葉的海馬體部分，則與語言、空間、經歷事件記憶和情緒調適有關。隨着神經發展的改變，大腦內個別的神經元活動與大腦不同區域大量神經元的交互作用，影響兒童及青少年期的認知、情緒和行為反應。兒童認知的協調，與大腦各區域內與區域間的額外連結和整合息息相關。如果這些區域連結產生障礙或受干擾以致失效，會影響訊息的處理歷程，造成兒童的認知協調不足。

認知理論

認知心理學的訊息理論（Information Theory），包括了八個階段：

1 傳意道（Communication Channel），即內外環境刺激的來源，同時是刺激訊息的傳遞者；

2 訊息從感覺傳入（Sensory Input）；

3 進行感覺分析（Sensory Analysis）和知覺分析（Perception Analysis）；

4 記憶（Memory）產生；

5 主動綜合（Active Synthesis）接受的訊息；

6 個人作出決定（Decision）；

7 選擇反應（Response Selection）；

8 反應輸出（Response Output），包括情緒和行為。

人的基本認知模式，先由一些事件或情境激發自動化思考，而個人的信念或潛在的假設會引導這個自動化思考，然後對事件產生心理上的意義，再轉化為心理反應和情緒的主觀經驗，最後產生行為反應。在自動化思考過程中，我們會不加思索地自動處理外在訊息和產生行動，亦會投注心力，仔細思索問題進而修正它。

那麼兒童如何回應外界刺激，包括對自己的認識、思想、情緒和行為反應？他怎樣過濾訊息和認識外界，甚至控制和管理外在環境，並賦予意義呢？

認知概念指出，個體行為和調節受到認知事件（Cognitive Event）、認知結構（Cognitive Structure）和認知過程（Cognitive Process）影響。所謂認知事件包含自我陳述（Self-

Statement）和內在對話（Internal Dialogue），這些慣常和非自主對話是人的自動反應（Automatic Response），不斷影響人的感受和行為。

另外，我們亦具備發現自己認知思考有問題的能力，稱之為「認知病識感」，這有助我們區分現實，和自己的錯誤念頭，避免產生認知扭曲的問題。我們日常生活的思考和推理過程，普遍是合理、也合乎邏輯的，不過思考事情的角度，偶而會有所偏差，但我們具備自我反思和接受回饋的能力，能作出修正。

兒童的認知偏差

兒童會對自己和外在世界有一些假設的概念，這些概念會影響他處理新刺激的訊息。他的認知結構受過往的經驗和行為影響，決定了如何選擇關注或忽略訊息，以及接收資料。當新選資料被認知結構接納和確定後，會變得更鞏固，更難改變。

事實上，兒童透過認知過程，會對一些外界刺激的新訊息作出理解和分析，並給予新的意義。他的思想會隨着判斷、評鑑、界定、解釋以及推理等過程，不自覺地與其情感、行為和非自主生理反應產生連繫、互相影響。即是，思想影響行為、非自主生理反應也會影響思想，而適切的行為建立又轉而改變個人思想。通過認知運作過程，我們會自動評估和修正我們對訊息的解讀，並對新刺激及訊息作出分析，配合已存的認知結構內的資料，自動補充、改變、遺漏、扭曲或是修正。

然而當個體面對持續的壓力，扭曲的認知表徵被激發，就會影響訊息處理過程，造成訊息理解上的扭曲及經驗的錯誤解讀。兒童的現實測試能力仍在發展階段，而且他們慣常以自我中心取向思考，誤以為外界事件與自己有關，認為自己是他人注目的焦點。故此，在思考過程中對外界事物會出現錯誤解讀，觸發許多負面情緒，容易出現焦慮、憂鬱與不安等反應。

5. 兒童個案評估

觀察兒童

人天生就有好奇心，嬰兒善用臉部肌肉，展現出張嘴、伸舌、面紅或皺眉頭等動作表情來表達知覺和感受訊息。為滿足好奇心，孩童慣常以觸感，感知周邊環境、觀察和觸摸探索。當他看到或聽到新奇的刺激，或是與內心想像的事物符合時，感官接收引起行為反應，產生情緒感受。某些刺激引起的，不單是行為情緒，還會引發他的思考判斷這刺激對他的個人意義。當孩童對外界事物感到新鮮有趣，引起他的注意，會自然地用手摸它、握它，甚至拆散它來探個究竟，而這正是孩童學習的動機和原動力。

在家庭生活的經驗中，孩童會透過言語行為模仿，將環境事物的訊息經頭腦吸收和處理。孩童的好奇心和注意力，促使他探尋更多資訊。當他把焦點集中於某事物時，感官神經和知覺接收，以及他所聽到、看到、感知和行為都因着這個對象，而產生一些內在想法或思考判斷。筆者在研究孩童行為時，着重了解當中的行為的意義。**透過客觀事實和孩童的行為表現，探索他的心理歷程、認知經驗和內在動機。**觀察兒童的行為，包括認知理論強調的個人內在選擇、思考和作決定的歷程。在環境中接收的外界訊息、主觀知覺和思考判斷，還有他的觀點、理解和概念如何形成。行為不局限於直接觀察的外在表現，個人的動機、思考、情緒、知覺、態度等都是行為的心理意義。況且，不同人的行為都具備其特別意義，同一種行為都可以有不同的解釋，不同角度的解釋又會產生不同的意義。

我們使用科學化量表和心理測驗，記錄與兒童接觸的臨牀觀察，才能對個案的問題現象作出假設、診斷、介入、計劃和定下目標。兒童的行為與環境是互動的，父母要明瞭孩子在耳濡目染、潛移默化的內在驅動下，情緒和行為均受影響。孩童的行為受環境制約，藉由模仿及重複出現的練習而養成習慣。不過，這不是一成不變的，兒童接收環境刺激後，會作出考慮和選擇適切的行為，也會為求別人的注意和接納而刻意表現一些行為。

父母協作

治療師要診斷或鑑定一個孩子的行為、情緒或學業問題前，會先與家長進行臨牀晤談，接着才對孩子進行觀察評估，收集兒童及其家庭資料，從中尋找孩子心理需要的發展痕迹，思考可能潛在的問題、排除或考慮孩子可能有的其他障礙，並要衡量哪些資源足以解決這些問題。治療師要虛心自覺如何和兒童互動、運用治療理念或內在參考架構，對個案或問題提出假設，再從中推理和演繹治療方向，選擇合適的治療技巧。

家長求助時，大多渴望儘快學得一招兩式，解決行為問題。事實上，兒童的行為表現是成長發展的結果，涉及六個不同層面，包括言語、認知、人際關係、情緒、品德和身體，並非一招半式可以立刻解決的。

要了解兒童的行為發展，家長應該先具備「情境」(Context) 因素的概念。兒童行為出了問題，我們不能單純地將治療全部聚焦到兒童身上，而必須考慮環境的因素。兒童的心智品行的發展，與環境脱離不了關係，是互為因果的。兒童的問題與父母對待子女的方式有密切關係，所以在臨牀督導上，我會強調父母的角色如何重要。**在評估衡量時，父母是兒童身邊重要的人物，負責提供有關兒童的資料。他們是「共同治療者」，既參與和協助治療的進程；也可能是「共同個案者」，需要一起作出改變。**

筆者臨牀指導家長時，會教他們明瞭孩子行為表象的背後所表述的心理意義。行為意義指行為背後的內在動機、意念等，屬於內在意識的心理部分；藉由觀察「行為表現」來推測「內在意識」，亦可從內在意識了解孩童的思考、情感或個性表現等。

進行觀察時，可先留意外在表現，例如：説話、表情、動作、坐姿、遊玩方式等，以此為線索，間接推知孩子的內在心理活動，例如：動機、思考、情緒、知覺和態度等。然而，如何從孩童的表現了解背後的心理意義？認知心理學不會將人的行為單純看成只是刺激引起的反應，而是認為人在環境中接收了客觀的事實訊息，然後影響他對情境的認識。人會依據他對該事、物和人等的過往經驗，形成獨特的觀點、知覺和理解。隨着學習經驗累積、改變認知概念和環境互動，產生了行為變化。

筆者鼓動父母可先用直接觀察的方式，觀察的目的是了解孩子的處境及其主觀感受，孩童的主觀詮釋及對個人行為的解釋，表露孩子對自己的主觀看法或自我觀念，從中可以發現，這些看法和觀念如何影響孩子的個人行為和心理現象。

個案説明

1 情況

案主志華（化名，本書全部案例均用化名）是家中獨子，四歲多。活動時，他喜歡獨佔玩具，邊玩邊模擬玩具造型發出不同的聲音，有時會自言自語，跟玩具交談互動，配合手勢動作，自得其樂。可是，他不喜歡別人觸碰他的玩具，更常與其他孩子爭玩具，甚至刻意破壞對方的玩具。當同伴投訴他霸道，他習慣否認和説謊，指責是別人先做錯。

你對志華的印象如何？他會否給予你負面感受，使你判斷他為自私、霸道及人際關係差的孩子？你如何解釋他的行為？

如果志華的行為不是偶然突發，而是有其意義和目的，那又是為什麼？

2 解說

個人行為可能被某種作用和驅動力催促，然後表現於外，例如為了逃避懲罰，便以謊言作掩飾。當這人習慣了説謊，那麼不管有沒有懲罰的壓力，還是會掩飾和説謊。誠然，**治療師的臨牀觀察有其局限性，慣常只看到某一種行為，就以此作為整體的解釋，忽略背後的互動關係。**因此，家長要明瞭兒童行為所表達的心理需要時，可先嘗試辨識情緒與其行為的相互影響作用，覺察孩子在認知的事實中如何作出選擇及怎樣解説他的選擇。

志華的社交言行容易令別人不滿，我鼓勵家長給他正面提示，仔細説明期待他有什麼具體的行為。然而，當他表現霸道和不講理時，千萬不要罵他：「為什麼你總是這麼自私霸道？快交出你的玩具，要是不聽話，就要罰你！」再次強化他會受罰的假定，這等方法會適得其反，即使這次他害怕受罰，屈服聽話，心裏的怒意和不服氣，總會以別的方法發洩出來。

面對這種情況，家長可嘗試溫柔而直接地對他説：「你這樣的表現會叫人失望，要停止這種行為了！」要是家長能減低負面用語及直斥責罵的教導，轉為正面的提醒，就更能幫助志華留意自己的言行表現。比方說：「志華，玩具是給小朋友玩的，你已擁有自己的玩具，好孩子是會跟其他孩子一起玩的。」透過具體的提示，讓志華知道應該怎樣做，孩子為了得到讚賞和認同，便會依從家長的正面提醒，而改變他的行為。

6. 家庭觀察

每個家庭都是獨一無二的，我們的醫生醫心團隊不以專家身分自居，只想成為同行者，協助父母成為家庭生活的專家。我們抱着的信念是：「不可以簡單地憑這個家庭的生活景況，將其標籤分類，甚至錯誤地將陷在困境中的家庭視為病態。」中外研究文獻均顯示，任何家庭，只要能善用不同的資源，都可有效培育子女心智發展和面對生活挑戰。

當治療師進行家庭狀況評估時，需要考慮家庭是具備不斷發展能力的有機體，隨着家庭成員處於不同的人生階段和年齡增長，家庭與成員都會因現實情境改變而作出轉變。我跟家庭之間建立親密和信任的連結，以致我這個外來者，能夠聆聽不同的家庭故事，或者觀察不同成員的行為，嘗試找出背後的故事。當然，我會隨着家庭發生的事情，細心推論家庭成員之間是否存在聯合結盟或互不相容的互動方式，而且如何達致平衡狀態。**觀察評估兒童或青少年與其家庭生活的多方面狀況，是一個持續的過程，也須依據當事人對生活事件的反應作出靈活處理。**

臨牀觀察的要點

治療師會在案主家中進行「參與者的觀察」，意指家庭成員知道及接受觀察者的角色；治療師也會與家庭不同成員有更多互動，讓他們較容易自我表達，減低自我保護，讓治療師方便搜集更深入的資料。

當我在家庭中進行「參與者的觀察」時，目光很少只停留在案主身上，相反我會仔細觀察成員之間的言談、動作和反應。當某成員說話時，其他成員都會作出不同的回應。除了專注他們的溝通內容外，更能發現家庭的互動方式，這對處理家庭衝突尤其重要。在衝突過程中，兒童和青少年因着家庭的權力關係而處於弱勢，為免與父母衝突，未必敢在父母面前說出自己的想法；只敢採取間接的方法，或以眼神，或以面有難色來表達不滿。所以，治療師要關注的是成員之間的關係，而不是眼見的問題，也不要讓長輩在對質時感到丟失面子。

推動父母參與合作，先要明白父母如何理解子女的問題，他們是否有心理準備讓子女接受治療？夫妻兩人是否感到無助、洩氣，或無計可施？又或夫妻之間是否存在婚姻危機，以致阻礙二人尋求共識？

臨牀個案發現，家庭成員對家庭生活和問題持有不同觀點，並會依據選擇性記憶，或是偶然性編造的故事，解說他們和家庭裏的境遇。所謂「事實」，部分是歷史真相，但部分則受着各人不同的理解而述説，然而他們卻受困於這些編造故事中已固定和僵化的互動模式。當他們讓我進入家庭，他們對包括我在內的新系統建立起信任，隨着療程的自然演進，我親身體會他們的相處經驗和回應方式，看到他們如何被僵化的想法和反應綑綁，想掙脱卻又困在死胡同，動彈不得。最終筋疲力竭，耗損各人的正能量，陷入困窘痛苦和無望的處境！

治療師從案主的行為問題開始，覺察他與其他人的脈絡關係，進行綜合評估。這些關係包括了解兒童、青少年與家庭身處怎樣的成長危機中，子女呈現的症狀與生活環境的互動影響。除了把焦點放在家庭互動模式上，還要觀察家庭中的決定性角色，相信家庭功能良好的父母，必定能管理其子女，並能處理家庭次系統之間的分化，畫出更清晰的界線，加強他們互動的彈性！

筆者抱着家庭系統的基本信念，要探索孩子的心理症狀，先要在真實生活情境中加以了解。當我們願意進一步探索新的觀點和可變的模式時，家庭成員亦會相應補充新資料或修正經驗，從而增加他們改變的機會。同時，尊重家庭成員的敏鋭觀察、適切的回應和合理的評估十分重要；透過他們的自我覺醒，作出新的選擇和改變，是絕對有可能的！

二 走進家庭

1. 家庭現場
2. 親子心事

FAMILY CRISIS

Clinical Practice in Children and Teenagers' Cases

1. 家庭現場

家庭治療的語言運用

陪同受傷家庭走出困窘時，治療師鼓勵家庭成員自我披露，但要特別留意：不能以煽動性、情緒化和率真的手法，激發成員暴露自己受傷的經驗。要是他們太投入及披露過多，會使治療者與家庭系統的權力和關係糾纏不清，甚至被捲入衝突或惡性循環的困局。這既是保護案主家庭，也在保護治療師。在治療時，既要建立彼此合理的期望和表達真實的關懷，更要設定合宜的界線，讓每個參與治療的家庭成員為自己負責。

家庭成員對問題各自表述，治療師要敏銳地洞察他們陳述時各異之處，尤其是各人的話不是絕無道理，要了解他們怎樣認知當前的世界，嘗試從他們的觀點觀看事物。當身處家庭的真實生活情境時，我們要善於觀察，嘗試理解他們行為裏隱含的情緒，以及對周遭事情的認知，小心掌「介入」或「退出」家庭系統的時機，儘量避免以直接的因果關係理解表徵問題，努力理解家庭成員之間的關係。而且，經常提醒自己，我對問題沒有絕對真確的理解，不能簡單地以個人的認知判斷家庭成員的看法。

當我進入案主家庭後，慣常先適應該家庭的結構，儘快理解家庭的溝通模式和日常生活使用的言詞和字句，細聽家庭各成員的對話，追尋他們各人所用的詞語和語態、探索彼此對當前困境有何不同的觀點和理解。重要的資料來自他們曾説出的內容、用詞、説話的語態、怎樣説、説給誰聽等，這都反映着成員間相處的動態。有時候，人會受着言詞語句的局限，未必能用合宜的詞語來表達個人感受，那麼治療者如何聽？聽到什麼？這或許會受着每個人身處的社會階層、成長經驗和生活文化所影響。若治療師忽視自己慣常使用的語言，是與求助家庭的用語存在差異，便很容易墮入自己選擇要聽的內容，甚至還未弄清楚，就自以為是，不自覺地下了判斷，錯誤引導家庭康復的方向。認知不同家庭的生活狀況，如運用指南針閱讀地圖一樣，讓你知道應從哪個方向着手探索，改變家庭成員的不良溝通互動模式，協助家庭走出困局。

某些時候，我嘗試將不同類別的家庭觀念，與案主所陳述的表徵問題聯繫起來，努力建構一幅立體的家庭結構和互動景象。建構家庭圖像，就像初次拼地圖一樣，只有幾個檢測點，接收的資料不完整；但卻可當作指南針，我跟隨他們所説的生活片段，尋找他們的生活經歷，理解他們經驗世界的路徑。某些時候，我又如他們的遠親，進入家庭、參與系統，探索這個家庭的主題和迷思，掌握家庭運作的立體圖像，更從家庭給予的零碎資料中，追溯那些不知從何入手解決，卻阻礙着孩子成長的問題。

要推動家庭成員直接對話，就需要運用「互動相處」的介入手法，將他們連結起來，讓各人都有表述觀點的機會，彼此聆聽或流露感情。最終希望與家庭成員，一起尋找具有彈性和可能改變的範疇，努力達致共同治療的目標。治療就可能在當下發生。

家庭結構和權力

本地家庭治療理論的輔導訓練課程如雨後春筍，很多有興趣從事輔導工作的朋友，多少也曾閱讀西方出版的流行心理治療書籍。不過，當治療師走進求助家庭，很少採用「治療」一詞與他們溝通，因「治療」有指出對方「病態」的含意，甚具扮演專家的氣味。要跟家庭一起成長，關乎我與他們之間的情意、了解和體會。除了專業知識和學問外，個人的感情世界、思想意志和心理素質也十分重要。

因受結構派家庭的臨牀手法影響，我較重視察看求助個案的家庭結構，伴隨不同家庭成員探索他們的原生家庭經驗，親身體會該家庭結構的互動模式。**我們會參照家庭結構的基本概念，理解家庭每一位成員，及他們在家中各自承擔的身分、角色和責任。**假若某成員未能承擔其角色和責任，那麼誰是替代成員？他的責任會不會超重？又或者，家庭處於真空狀態，而這兩種情況都可能導致家庭不穩定或家庭功能失調。

一個核心家庭之外，又有許多細小的單元組合，簡單如夫妻關係、親子關係或兄弟姊妹的關係等等，稱之為次系統。家庭是由多個次系統組織而成，次系統的成員，成員間的權力和界限，又會影響他們維繫家庭的功能和適應的彈性。家庭系統呈現的關係，並不是線性的因果關係，而是複雜、環狀且多方面的環境因果關係。故此，隨着某成員的改變，其他家庭成員或及整個家庭都受其影響，並可能產生連鎖反應，或連續不斷地影響家庭的成長歷程。不過，個人行為是受其家庭系統影響的，所以筆者非常重視家庭成員的個人獨特性、發展需要和內在動機。

家庭的規則

在香港，身為父母的，都看重子女行為，有期望，亦有規範，即所謂家有家規。家規由父母訂定，規範着子女哪些行為可以做、哪些不可以。例如：「晚上十時前要睡覺休息」、「飯前要協助佈置餐桌、飯後要幫忙收拾」、「見人要叫早晨、問好」等。這是公開説明的家規。

有些家規則是非公開的，心照不宣的，這些祕而不宣的潛規則，往往甚具影響力，例如：「最好等媽媽開心時，才開口向她要求禮物或要額外零錢」、「爸爸默不作聲及不表態，即是不反對啦！」等。但隨着年月過去，有些規則變得不再適用，例如：「大人講話孩子不准插嘴」，當子女踏入青少年期，這些僵化的規則就變得過時！

對家庭來說，愛的連結也很重要，不過成員之間難免有紛爭、結盟、緊張和權力關係。他們關係的組成方式，會提供重要線索，有助理解他們持續和反覆的互動模式。筆者不會因案主出現的症狀而立刻將之介定為病人。然而案主的症狀呈現，確實是他處於不穩定的家庭狀態，因着那些重複無效的解決方法，僵局持續，家庭失衡，而導致案主出現不尋常的反應。**家庭因孩子出問題，而感到苦無出路時，我會傾向先解決眼前危機，然後才在與家庭長期同行，過程中尋求改變既存的僵化方式，探索及嘗試新的互動，找出更多可行的解決方法。**

多重現實

當與不同家庭成員交談時，各人對家庭狀況的描述和問題的看法都存在差異，這絕對不是所謂看得見的「事實」。**治療師參與其中，也受制於不同成員自身的描述和選擇性的觀點，成員所謂看透或正確解讀家庭的客觀「現實」，只是個人的假設和推理，並非從「多重觀點或事實」了解其家庭經驗。**現實是，家庭成員期待治療者提供解答和解決方式，但當真的要作出改變時，他們卻會抗拒或搖擺不定。治療團隊與家庭同行，一起面對改變與成長的動態變遷，推動家庭重新奪回被症狀騷擾的生活，達致新的健康家庭狀況。

家庭不是「理性」的死物，反而是充滿情緒的「非理性」世界。理解家庭成員的行為，先要留心這個行為發生的情境，了解這個家庭的多重「現實」，就是探索各成員對事實和家庭描述的不同看法。作為觀察者，我沒有置身事外，而是關注和小心介入關係眼前的問題，我不會認為自己對於家庭衝突的解讀是完全正確。要從衝突的性質、內容、過程、誰跟誰的衝突和彼此解決衝突的方式等多方面，理解他們為何未能處理衝突。治療師與家庭對談時，可運用真實的家庭情景，留意各人的容貌神情、言語動作、選擇的座位，衣着打扮等，藉此捕捉當下的家庭實況和所發生的互動關係。

走進家庭，是經驗主義家庭治療的一部分。經驗主義強調，家庭藉由經驗而成長，經驗本身是一種隱性的生活歷程，以象徵性的方式展現，不易被人們覺察。當家庭某成員呈現症狀，即使症狀本身是明顯可見的，但治療的焦點卻是探索隱含在症狀下面的象徵性意義。故此，治療師的介入是協助當事人及其家庭，探索症狀表象所浮現出可能潛藏的象徵性意義。在治療的過程中，要特別關注家庭成員的當下感受和個人經驗。

要促進溝通和自由地表達不同意見，治療師：

1 要與患病的當事人及家人合作，打破維持症狀的互動模式；

2 促進家庭成員覺察到每個家人的多面自我，了解並接納症狀表述的象徵性意義。

這樣的治療步驟是發展性而不是直線的。在治療歷程中，當下發生的經驗，跟每一個治療步驟與接着的步驟會有所重疊。**先助當事人突破心理防衛、然後促進成員的覺察能力，並且將精力置於積極成長的歷程。**在此過程，成員的自我探索、冒險與自發性是相當重要的。所以，要提升當事人的安全感和信任；引導家庭成員直接對話，並增進成員間的健康關係。

處身個案家庭，治療師要關注即時呈現的互動經驗、當時當刻的感受和觀點，而不是過去的敍述。**治療師既是主動的共同參與，就要從中找到家庭內隱藏又豐富的情緒或情感經驗。**我相信促進家庭成長的焦點在於過程，就是真誠溝通、交心交往、感覺和用心領悟，發掘隱藏在表面語言下所表達的象徵意義。坦誠溝通能建立互信和安全感，鼓勵他們自主地探索改變的可能性，以修正對家庭問題的論述，並給問題賦予新的象徵意義。這治療關係對治療師充滿挑戰，也體現了治療師的個人特質風格！

尋找家庭可變的軌迹

治療師跟這些家庭一樣，是可變的有機體。「變」是那麼的不肯定，卻又是有迹可尋的。每一刻都存在着可變的因素，**治療者隨着當下的變化，抱着「不肯定」的好奇心，追尋這個家庭習以為常，卻又僵化或鬆散的界線，和一直重複着的不良功能的生活軌迹。**

家庭隨着生活情境，或家庭結構而產生改變，在家庭裏所呈現的情境，我會以「重新框視」（Reframing）的方式，認知隱藏在錯誤家庭結構中的症狀，以期停止這些症狀影響家庭的平衡。

「變」的現實，教導我們要尊重生命的可能，今天的困境，可能成為明天的祝福，亦彰顯了家庭的生命力。雖然要經歷患難痛苦，卻沒有放棄生存的希望。同時，「變」是生命影響生命的過程，治療者與受助家庭一樣，也會受到生活情境的限制。無論誰人處於受助家庭所遭遇的困局中，也未必應付得來。我們扮演促成家庭改變的工具，所作的是微不足道，但只要家庭能互動轉變，最終個人改變，而症狀消失也會隨之發生。

事實上，因受助家庭對處境所知比我更多，他們給了我人生的智慧。「變」需要一顆柔和謙遜的心，因為「變」會帶來危機和適應，所以家庭在變動中要保持「不變」；「變」需要一份關懷與愛，促進治療師與家庭建立信任的緊密關係。家庭關係錯綜複雜、千絲萬縷，豈能以三言兩語就能盡其所言、細說出一頁頁的家庭歷史。只有該家庭對治療師有足夠的信任，他們才考慮讓我們參與尋找轉變的機遇。

「變」是隨着當下的心境發生的，每當嘗試改變看問題的焦點時，才會發現其他的可能性。每一個受助家庭都曾經歷傷痛和無助，治療者的關切尊重和正確診斷，就像甘露滋潤了枯乾的花，當下使受助者的生命多一份支持、增添一點希望。每次家庭探訪後，改變的又怎會只是受助家庭，我也察覺自己的轉變；他們呈現的每一段經歷，都使我驚歎於人生的無常和生命的可貴！

2. 親子心事

家長盲點

不少父母心中都有一個理想的寶貝兒女。當母親們走在一起時，總是熱衷於子女的話題，內容從子女的學習表現、參加哪類興趣班、樂器考到第幾級、找誰家名師補習、情緒行為家教法等，甚至子女生活的每一項細節都可以變為説笑、談論的話題。有些父母更明言，希望子女有過人優勝之處，受別人羡慕；子女比別人好的話，父母會自我感覺良好，吐氣揚眉。

在家庭輔導中，我經常從孩子口中聽到，他們不喜歡父母在朋友面前談論自己，心中責怪父母忽視他的私隱和界線，而孩子之間也因此容易出現一些潛藏的競爭和比較。當然，子女品學兼優值得讚賞，使人羨慕，但羨慕背後可能出於別人的負面評價，誘發了嫉妒的情緒！無論是父母或孩子間的比較，都會讓一個人意識到自己的社經地位、身分角色或資質成就不及他人。這種羨慕可帶來嫉妒，讓孩子不自覺地自慚形穢，導致自我形象低落。家長應該要自我覺察，為何經常要孩子出席這種「母親團」的活動？筆者相信兒女內心深藏着一個需要，就是想肯定個人的價值和獨特性。

誰明孩子心

隨意翻開報章和雜誌刊物，很容易發現家長總成為社會的話題人物，他們的某些行徑和身教言教亦不時令人咋舌。我常打趣說，昔日哪有怪獸家長和直升機父母這些稱號，更甚少聽到父母成為社會話題。但現在父母卻是「怪獸」！對於孩子來說，父母是他生命中最重要的兩個人，而他處於兩個不同性格、喜好、厭惡的男女之間，仿如處身夾縫之中，這種矛盾是孩子心理成長的第一個考驗！我們鼓勵父母成為子女的生命導航員，有助兒童的心理成長，又要教導兒女學習接納父母的正負面素質，並鼓勵他們放棄「只要父母改變，孩子才會變好」的想法，終止埋怨和刻意比較。當你接受孩子的情緒需要，肯定兒女的平凡也是帶着過人之處，他們的自我形象和心理一定變得更正面。

現代家庭教養，親子感情的需求遠比老一代的父母為大。無論是父母或孩子，他們彼此在情感上都有很大的心理需求。試想，孩子獨個兒回校上課，學校生活總有不盡如意的事，放學後又要面對不同的學習要求，回家時也許帶點疲憊或需要「抖抖氣」，把悶在心中的不快，在父母面前撒嬌和發洩。那麼，家長在外打拚，回家後夫妻之間又何嘗不是呢？

怎樣才能滿足親子的情感需要？或許很多父母都捉錯用神，以為自己知道兒女的心事。當孩子向父母傾訴時，他們希望得到父母的共鳴和認同，讓爸媽知道他在外面的不愉快經驗。孩子處理情緒的方法與成人不同，父母可能認為教他如何處理，或找到一個解決方法，不快的情緒就自然消失，所以老是教導孩子應該怎樣做，慣常給予方案，卻忘記孩子當下需要的不是意見和教條。當孩子不願聽父母的意見時，父母最好暫時放下權威的分析和教導，先陪伴，用心聆聽，解決兒女的心理困擾，給予空間，嘗試簡單複述他經歷的難處，言談間要帶着感情和表示明白。

事實上，父母只要讓兒女慢慢表達自己的感受，跟兒女交談時，給予他們一種關注眼神，陪伴支持，即使無言，孩子也會感到舒服。

父母的情緒管理

面對兒女亂發脾氣時，父母可曾忍不住抓狂和責罵呢？父母的耐性在家庭溝通上是很重要的，當孩子不想遵守父母的要求時，父母怎講他也不想聽話，甚至一口拒絕，父母這時就會被激怒，差點情緒失控！

不少父母都喜愛聽話的孩子，認為他們有規矩。聽話孩子給人一種有家教的感覺，但有時候，父母又擔心孩子太過聽話，什麼事都要先問過父母，恐怕一旦離開父母身邊，就沒有主見了。也許，你覺得別人的管教方法了得，能教出叫人羨慕的兒女，但在參考這些模範父母的教法前，不如先思考以下問題：「聽話的孩子一定好，不順從的孩子一定不好？」、「若孩子事事都只聽父母的，遵從不對抗，真是好孩子嗎？」、「孩子既然知道自己的表現不好，這時父母仍要囉嗦嗎？」

很多父母擔心孩子不明事理，便重複將自己的要求告訴他。然而，孩子害怕責罰，更不想聽到父母重述自己的過錯。即使他們對自己的行為感到失望，也會在爸媽面前宣洩不滿，不願再聽父母指責他的錯誤。

其實，父母最難應付是沉默的孩子，他不想理會父母。當父母與兒女僵持時，父母可嘗試慢一些給予回應，想想要説哪些適合的話？重要的是不易被他激怒，不會感到家長權威受損；不然，彼此的負面情緒只會更容易被激動，負面思維強化了對抗行為。**要是父母感到孩子失控時，更應該避免使用威嚇的語句，切忌墮入誰勝誰負的思維，因為管教孩子總比賽贏孩子好！**

三 臨牀個案實戰

個案一：失語
個案二：喪親
個案三：亞氏保加
個案四：校園欺凌
個案五：過度活躍
個案六：撒謊
個案七：反叛
個案八：對與錯
個案九：父母離婚

Clinical Practice in Children and Teenagers' Cases

個案一：失語

家庭是第一個教導孩子管理情緒的場所。雖説孩子的情緒行為難以預測，但每個行為背後都有因由。**兒童的基本情緒可簡單分為：**

1 **恐懼**：害怕可能有危險或受傷害；

2 **焦慮**：擔心，但沒有特定的物體或事件；

3 **憤怒**：由於挫折和目標無法達成而產生的感受；

4 **快樂**：達成目標而感愉快；

5 **難過**：較輕微、表層和短暫的不愉快；

6 **憂傷**：持續較久、程度較強，通常與失去或失落有關的不愉快情緒。

治療師的評估

志強就讀小六，年幼時被診斷為言語發展遲緩，言語表達困難。他沉默寡言，平日孤獨離羣，不善人際交往。父母覺得志強呆頭呆腦，不及其他孩子機巧聰明，難免對他的遲緩有點不耐煩，結果總是責罵收場。志強雖然不善表達，但對其他人的説話卻很敏感。當他對母親的責罵感到不滿，便大發脾氣，放聲大叫：「你整天批評我、數落我，説我不行！」

母親認為他容易情緒失控，使人難堪！不知從何時開始，志強採用「置之不理」的態度，對母親的諸多抱怨，一律充耳不聞，只會偶爾叫喊，抵抗她的責罵。他選擇不説話，不是因缺乏説話所需的知識和能力，只是拒絕回答母親「他怎麼不夠好」的問題。孩子藉行為來表達他的感受，當他感到不被接納，心裏有一種難以言明的感受，使他迴避和困惑。結果，內心的困擾和自卑，削弱他説話的信心。志強的父母開始意識到，因着兒子這種回應，他們出現情緒問題。

「感受」是接觸志強重要的一環，我帶着接納和鼓勵的眼光，希望給他支持和信心，以減低他已築起的心理防衛，讓他能自然地在治療師面前，一點一滴地向父母吐露心聲。

與此同時，我鼓勵父母以婉轉溫和的態度，聆聽志強重述細節時的情感。**治療師要留心治療步伐，調慢速度，靜待時機，鼓勵父、母、子這三角關係直接對話和溝通互動。**當志強在父母面前宣洩，把內心壓抑的感情表達出來時，治療師也可順水推舟，建議他們直接對話。

我喜歡以這種簡單的對話開始：「既然你們很理解對方，又對對方有很多不滿，何不趁這機會説清楚，好好談一談吧！」開始之前，我會考慮是否要求他們轉換位置，讓他們坐得更近，方便聆聽。我善用當下互動相處（Enactment）的技巧，適時調校自己的坐姿，時或介入，時或抽離，聆聽他們的對話和故事細節，以作評估和治療。

當志強願意發言時，我立刻邊聽邊整理資料：思考志強被投訴的行為問題，與現場即時能夠觀察到的家庭狀況是否相關？他們言談間描述的行為，與實況可有矛盾之處？如有不同，分別又在哪？當然，**治療過程中，也要考慮如何把表徵問題轉化為成長契機，讓父母對兒子的問題有多角度的理解。**我們相信志強的困難不一定出於語言問題，若父母能了解如何回應兒子的發展需要，才能選擇合適的解決方式。當父、母、子態度僵持，導致負面情緒惡化，不但不能解決問題，反而加劇衝突，問題只會持續惡化。如果子女不願跟父母對話，更會持續影響家庭的心理健康，延續他們之間不良的相處模式。

請不要誤以為我一面倒站在兒子那邊。事實上，讓孩子表達情緒不但對他的心理健康有益，也能讓我們了解他的主觀世界，他的心理壓力和困窘。同時，志強亦要體會父母面對他沉默不語時，那種無助、無奈、掙扎和壓力。

面談時的氣氛，是安全和接納的，減低兒子的緊張不安情緒，放膽説出心中的焦慮和憤怒。**治療師切忌冠以「選擇性不語症」(Selective Mutism) 判斷病症的名堂，用作理解和分析孩子的問題，以及切忌把兒子問題的矛頭統統指向父母。當下，最要緊的是尋找這家庭中有助解決問題的資源和優勢，關懷和照顧家庭各成員的情緒和心理需要。**

簡而言之，首要是認同孩子的感受。志強正是期待得到別人的接納和表達意見的勇氣，父母的焦點在他的語言能力，但他的心理健康發展同樣重要。

團隊介入

由於我在心理輔導和特殊教育需要兩個專業上皆受過訓練，能夠評估家庭需要怎樣的服務，並與不同的專業同工携手，如言語治療師、專科醫生和社工等，為這個家庭提供合適的支援！

我們的醫生醫心團隊，**會分以下幾個階段作介入治療：**

1 協助家庭，讓他們從關注孩子的行為問題，轉向留意家庭內的循環互動模式；

2 鼓勵父母合作指導對孩子重要的生活技能；

3 處理未曾解決的家庭或親子衝突；

4 處理孩子語言發展遲緩的障礙；

5 指導父母加強志強的心智發展，鼓勵他健康成長。

釐訂每個階段的具體內容和細節，必須先考慮志強身心發展的階段性需要，也要改變父母對兒子的發展障礙和行為問題的理解。看似簡單的步驟，事實上並不如想像中那麼容易，而我們提供的心理支援只是一個開始。

當我們與家庭建立了信任，才能循序漸進地處理家庭中長期隱藏的問題，過程中要運用更豐富和複雜的手法。我們遇過不少家庭，成員之間有不少強烈的情緒衝突、言行粗暴，當中隱伏了多重核心問題，如婚姻失和、經濟壓力、父母患病、兒女有特殊教育需要或同住親人患有精神疾病等。**走進這些家庭，參與他們的生活，我們需要帶着耐心和對情感的敏銳，用心捕捉各成員的語言、陳述背後所隱含的情緒、經歷和意義，甚至聆聽負面激烈的詞語含意，觀察身體和表情中的非語言線索，才能有效處理家庭衝突。**

個案二：喪親

從事兒童的心理工作，最感動筆者的是協助遭逢喪親之痛的兒童走過悲傷和適應的路。對他們來説，父母的死亡、離別是極大的痛苦和悲慘的經驗。面對喪親之痛，兒童經歷的傷痛很容易被心理防衛機制所牽絆，由於他們抗拒失落的事實，可能出現否認、壓抑、投射或分裂等防衛機制，並以間接、偽裝或延遲的方式來表達情感。兒童的悲傷時間表跟成人的不同，他們會經歷較長的震驚和否認期，當中混淆着恐懼、生氣、哀痛和罪惡感，甚至幻想與死去的親人重聚，並且跟他們談話。所以，若然問題未能及時解決，就會影響兒童的情緒和心智發展。

志偉是十一歲的高小學生。面對父親病逝，他刻意控制自己的情緒，表現得很堅強。

事實是，我曾陪伴志偉探望患病的父親，他表示擔心自己和父母的情況，感到沒有安全感。他表現焦慮，偶爾發噩夢，情況一直持續，可是他經常跟媽媽説：「我無問題！」父親臨別前，志偉表示了解死亡，也表現得很懂事；更陪伴媽媽，幫忙照料家務。父親離世後，媽媽強烈地壓抑情感，還提醒志偉不要跟同學講及自己的家庭遭遇，結果志偉變得沉默寡言，常躲在家中。

治療師的評估

研究顯示在家庭角色中，父親是孩童一個愛、崇拜和認同的對象（或偶像），給予子女身心安全的照顧。在孩子的心理需要方面，父親如一位撫慰的保護者，是具有能力的權威人物。當父親死亡時，他的家庭角色和功能便隨之失掉。要了解志偉的哀悼歷程，首先要考慮他的年齡、認知能力和心理適應狀況。

在這案例中，首要的治療介入，是協助志偉減低離別的焦慮和增強安全感！跟他的家庭接觸時，我們先了解志偉與父親過去的生活點滴和感情狀況，同時觀察母親的心理反應。母親對這個缺席父親的態度，及她怎樣應付丈夫死亡帶來的壓力，都會影響兒子的哀悼能力和對新生活的適應。

自父親重病住院，母親與志偉緊密依靠，造成情緒牽連。治療師要幫助當事人和其家人處理心理和社會壓力，讓父親懷着尊嚴和自我價值面對死亡，也要支持母親與志偉為離別作準備。

另一方面，父親得知死亡迫在眉睫，感到震驚、否認和難於接受。他了解到自己將無法看到志偉成長，便嘗試尋找可以延長生命的另類治療。在這討價還價階段，各人努力試圖延長不可避免的人生結局。隨着時間和病情惡化，志偉看見父親身體逐漸枯萎，強壓自己不安和無助的感受，還有對未知的恐懼。這時母子的關係，對志偉未來心智發展變得相當重要。母子倆要經歷死亡帶來的分離悲傷，絕非容易的事。

孩童的悲傷歷程

成人或孩童經歷悲傷失落的情緒，其狀況都不一樣，俱受他的年齡、人生發展階段、個性特質、解決問題能力、防衛機制、人際關係、與死去親人的關係及死亡形式影響。

死亡是任何一個生命的共同結局。兒童經歷悲傷，轉變對生死的認知，會促使他們省思自己的生活型態，檢視個人價值，與他人、社會、自然與生命的關係。對於哀悼，弗洛伊德在〈哀悼和抑鬱症〉（*Mourning and Melancholia*）指出，我們不可將哀悼當作一種病理來處理，也不能干預哀悼和悲傷的體驗。因為這種否認的痛苦或無法表達出來的感受，往往會啃食當事人的身心，這些否認態度不僅無用，而且阻礙他們接受死亡與失落的真相。

對於之前尚未經歷過死別的喪親者，他們要認識如何處理悲傷，或什麼是正常反應是很重要的。悲傷和哀慟是人之常情，但各人的反應卻有別，家長要關注孩子的悲傷是否合理，過度悲傷而又不能自制的哀痛是不可取的。

我們既要陪伴志偉跨越喪父的離別之情，也要支持他的母親面對配偶去世的傷痛。在各種喪親情況之中，配偶死亡所造成的傷害及其延伸的壓力是最大的，容易讓人陷入情緒和思想的痛苦中，出現消瘦、不想進食、難於入眠和思想空白等狀況。

當孩童失去父 / 母，筆者會陪伴他們走過喪親的哀痛經歷，幫助他們了解何謂死亡、為何他對死亡的認知扭曲，也會關心他怎樣理解自己在父 / 母死亡的事上的角色和信念！**治療師為兒童做哀悼的心理支援時，會先觀察孩子會否否認喪父的事實，或將對死亡和離別的憤怒轉移到母親或他人身上。**孩子想知道什麼是死亡、為什麼發生。我們儘可能回答他們的問題，澄清謬誤的想法。親人瀕臨死亡，孩子會經歷情緒波動，感到憤怒、沮喪、恐懼、嫉妒、解脱和一絲盼望等，孩子需要親人協助釋放悲傷和恐懼，舒緩壓抑了的焦慮情緒。

典型的兒童悲傷經驗，包括了震驚、懷疑、否認和生氣，不肯接受親人已逝的事實。這個否認階段或會延長、反復和持續。

分離使兒童經驗較強烈的痛苦、絕望或混亂的情緒。兒童未必能處理自己的悲傷，並隨之而起的種種情緒，但成人要允許他們出現這些情緒，視這是一件自然的事。每名兒童走過悲傷歷程的速度都不相同，情緒時而起伏，出現對父 / 母的回憶，至終對父 / 母從依戀漸漸邁向分離的階段。

志偉的父親沒有給他太多負面回憶，離世前更鼓勵他，要以積極的態度和價值觀待人處世。而且，志偉知道臨終的舒緩治療讓父親「舒服地」走完一生。這些都有助減低志偉的心理包袱。

藉母親和家人的支持，志偉適應與父親的死別，重新適應變遷後的家庭狀況，對自己的未來重燃盼望，這都可以支持他積極地生活下去。經歷死別的孩童，身心難免處於危機的狀態，不過，他負上支持母親的責任時，自己也開始走上康復的歷程。

重燃盼望

希臘古語有云：「如果你想學習如何生活，先要深思死亡的意義。」生與死是人生真相的兩面體，勇敢面對死亡，能喚起積極面對人生的力量。成長是至死方休之事，面對死亡的焦慮，身為治療師的我也無法回答個體生命存在的意義。

家庭支援方面，筆者感恩能見證志偉父親死前和太太對談，彼此表達對瀕死、失落和死亡的生命感悟。縱然做了充足的準備，離愁別緒在所難免。喪偶者要接受伴侶離世的事實，在辦理喪葬事宜時，體驗失落。塵埃落定，喪偶之痛的心理、情緒或行為的身心反應逐一出現，此時更要學習適應逝者不存在的生活，在家庭生活中重建自己的角色和能力。逝者已矣，精神猶在，志偉媽媽即或難以淡忘與丈夫生前的生活片段，但憑着親友的支持和積極樂觀的生活態度，逐漸適應新的生活狀況，把情感和精神投放在未來，重過美好的生活。

與喪偶的家庭同行，治療師與家庭之間的互動，會隨着交往時間推移而增加。我時刻提醒自己，不要被這個家庭系統同化，並要鼓勵家庭積極回應生活的變遷。

當家庭漸漸回復正常生活，治療師與家庭接近分離的階段，志偉和母親愈來愈善用個人、家庭和社會資源，促使家庭健康發展下去，並能為自己的生活負責。我們都懷着感恩和複雜的感受離別，相信明天的生活充滿盼望！

半年後，他們已能回復日常生活，治療師準備結束同行旅程。看到志偉和母親的心情已經平復，家庭多了閒談歡笑聲，假日時母子倆在親朋的陪伴下外出。正面的學習生活又鞏固了志偉對新生活的適應。在志偉眼中，治療師是他生命裏的重要人物，引導他走過哀痛的歷程，重整生活的方向，促使他的生理、心理和社交能力都有正面發展。隨着志偉升中，邁向青少年階段，母親跟我協商，期待我的角色轉化為志偉的生命導師。對於那些在家中「失去父親」的一代，我要小心處理成為他們心中「代父」角色的專業界線。我的角色是，陪伴志偉成長，多鼓勵他與學校師長或親友長輩建立良好關係，事實上，每位輔助他的師長，也可以成為他的生命導師。

結束治療時，我要處理分離焦慮，評估他們家庭新的生活狀況，衡量心理支援過程中，哪些手法有效、哪些要跟進處理或需要改進。隨着母子倆走過陰霾的日子，告別時我們為他們送上祝福！

個案三：亞氏保加

1. 亞氏保加兒童的成長挑戰
2. 改造陀螺的孩子

1. 亞氏保加兒童的成長挑戰

筆者跟進亞氏保加症兒童的個案時，最常遇見的情況，是他們經常在校園遭欺凌，被同學捉弄，但他們不懂保護自己，深受困擾。欺凌的方式，包括來自朋輩間的貶抑或嘲諷、言語侮辱和歧視、身體攻擊，甚至被戲弄等。

亞氏保加症兒童情況

亞氏保加症（Asperger Syndrome），屬於廣泛性自閉症相關障礙。孩童患者缺乏言語與非言語溝通能力，情緒控制能力也明顯較弱，社交能力發展遲緩，與同儕溝通時，認知理解能力不足。求助的父母，最憂心的是孩子的情緒和行為問題。跟自閉症的孩子不同，亞氏保加症兒童沒有明顯病徵，只是與人缺乏眼神接觸、有重複性行為，以及迴避與人互動等。

亞氏保加症兒童的口語表達能力雖然較弱，但並不構成嚴重溝通問題，個別甚至更有獨特才華和高智力，但他們在一般社交上有障礙，表現孤僻，與羣體總是格格不入；在別人眼中，他們不懂人情世故，不懂遵守社會的禮儀規範。而且，亞氏保加症兒童的聽覺和感覺通常容易過敏，處理周遭訊息的能力也易受到干擾，聽見環境發出刺激聲音或尖鋭回音，可能感到刺痛難耐，容易鬧情緒和發脾氣；如果感覺失調，他們會刻意避開那些他感到不舒服，或難於負荷的人物和情境，結果阻礙他們的專注能力，難以集中精神。

參照美國疾病控制管理中心（2006）的資料，約 30% 至 50% 的自閉症兒童有認知障礙。「魏氏智力量表」（Wechsler Intelligence Scale for children）可以評估自閉症或亞氏保加兒童的認知功能，這評估側重「語言的認識和使用」；若採用瑞文氏推理能力測驗（Raven's Progressive Matrices），則可作為非文字的智力測驗。診斷步驟是，採用按正常兒童發展和生理成長的檢測表，收集需檢測兒童的社交和溝通技能的發展。若對兒童有疑慮，可參考「幼兒自閉症調查表」（The Checklist For Autism in Toddlers, CHAT）或篩查的「限定幼兒自閉症調查表」（The Modified Checklist for Autism in Toddlers, M-CHAT）。

至於社交能力方面，有專為四歲或以上兒童而設的「社交及溝通的問卷核對」（The Social Communication Questionnaire, SCQ）測量表。若想了解孩子在生活上的溝通能力，可以留意兒童是否慣常使用眼神、手勢等非語言的溝通方式，並可從孩子能否明白不同的言語神態、聲調表達出的暗示、誇張、諷刺或幽默等，便知道他們解讀語言的能力。同時，還可留意他們能否掌握何時加入社交話題、作適切的回應、對話時表達的內容是否清晰和連貫。根據 ICD-10（International Classification of Diseases, 10th edition, 世界衛生組織出版的國際分類定義），亞氏保加症雖說是自閉症之一，但對患者的學習沒有造成明顯障礙，患者本身的語言認知發展不會有遲緩的表現，甚至具有平均或高於平均水準的語言（language）能力，在認知和言語表達（speech）也沒有出現明顯的遲緩迹象。

可是，亞氏保加症和「高功能」自閉症兒童一樣，出現社交行為障礙，不知怎樣交朋友，他們慣常獨自玩耍，寧可選擇與較年長的人交談，也不願與近齡或同齡的兒童交談。事實上，他們難以解讀別人的面部表情，以及掌握對話中包含的非語言信息，這成為他們溝通理解上的障礙。為了減少人際關係的困擾，他們喜歡以固定不變的方式，在固定場合做相同的事情。如果所期待的事情沒有發生，他們可能反應過激，甚至無理取鬧和指責質問。不過，隨着年齡增長，亞氏保加兒童會學習和建立管理自己的行為方式和獨立的生活技能。

觀察亞氏保加兒童

我們接收的臨牀個案，大部分是九歲至十一歲的男孩，我會陪伴他們成長至初中。他們以我為良師益友，**當與亞氏保加症孩童建立友誼時，我會以結構性的視角探索他們人際交往的互動方式，如在羣體的角色、如何面對權力關係不對等、如何面對社會階層文化差異。或從非結構性的視角留意他們，如個人因素、情緒狀態、生活經驗等，觀察及了解他們的社交觀念和交友準則，評估他們的社交能力。**我特別關心的是他們會否因學習困難或被欺凌，而經常處於擔憂戒備、焦慮不安的情緒狀態，加劇他們的負面思想，導致身心疲憊，或演變成一些代償機制，如拒絕上學等。代償機制是心理防衛的一種，當身體有些缺陷或心理壓力，人會以發展其他替代優勢，試圖減輕因缺陷不足的自卑感。但過度代償則是不良的症狀，例如以拒絕上學替代面對學習或社交困難的壓力。

根據我的臨牀觀察，他們跟年齡較大的成人單獨相處時，表現得較合宜。可是，在學校與同學的互動則很困難。協助他們建立同儕友誼和自尊感，是我跟他們同行時的重要目標。事實上，他們的行為較常成為家長關注的焦點，**要明白，子女的偏差行為是他們和環境互動的結果，所以要先分辨，孩子哪些行為是因感覺不佳而產生的不良反應，哪些是不良習慣導致的。**另外，孩子普遍缺乏良好的社會性思考，不懂得與人交往，難從不同角度看待事情，即難從別人的觀點來理解發生的事件和情況，所以他們在羣體生活裏遇到特別多困難，感到不開心。

孩子對友誼的概念，建基於年幼時跟家庭成員一起玩樂和互動的經驗，至於同儕則是一起進行遊戲和共享玩具的人。亞氏保加症孩童比較喜歡獨個兒玩，但少年期開始，也會感覺孤獨，期望可以結交摯友。

當我與這些孩子一起，見他們進行集體遊戲，未能有效表達自己的想法時，便較常用社會性的故事及情境性學習，強化孩童理解社羣傳遞的社交信息、學習面對衝突和建立協商的能

力。同時，鼓勵家長與亞氏保加症孩童相處時，主動讚賞孩童有哪些行為合乎社交禮儀，有哪些是有助情緒表達的。

2. 改造陀螺的孩子

首次與偉文會面時，他是小六學生，熱衷於爆旋陀螺，特別喜愛自行改造陀螺配件。他不單收集不同質料的陀螺，進行不同類型的改造，還專注於陀螺的戰勝策略，重複講談有關爆旋陀螺的話題。縱使別人表示不感興趣，甚至感到有點煩擾，他都不曉得別人受不了他的喃喃自語。在交談時，亞氏保加症患者比較自我中心，慣於遵守已養成的習慣規範。他們言談缺乏連貫性，自說自話，單憑直覺而不懂得理解別人，容易給人誤解為幼稚可笑、行為笨拙古怪，難與年齡相近的朋輩建立夥伴關係。

當其他孩子跟偉文玩爆旋陀螺時，偉文偶爾顯得專橫霸道，不顧遊戲規則，堅持自己的玩法，沒有覺察到別人的想法，不曉得別人對他不耐煩。最後，他不單輸了，還給其他孩子用諷刺的口吻取笑。

偉文身形較瘦弱，加上朋友不多，顯得羞怯和孤單。他在校內，不友善的同學會刻意躲避他，甚至故意挑釁和惹怒。偉文因被同學取笑而鬧情緒。他不懂反抗，顯得被動。當他升上中學，學業和社交的要求漸趨複雜。亞氏保加症患者青春期的發展跟其他學童一樣，都有重新自我評價、追求獨立自主和同儕認同的心理需要，而父母的影響力亦逐漸降低。他們要獨自面對同儕排斥，爭取認同和接納，但他們的協商能力較弱，慣常堅守個人原則，不願尊重權威或遵從學校規定，與同學、老師衝突和對立便更加鮮明。校園欺凌者往往針對這些孤立、脆弱和得不到同學保護支持的學童，就是校園欺凌者針對的對象。假若他們被孤立，只會更易受到同儕的欺凌。**我們相信，只有協助孩童結識朋友，才能減低他們出現低自尊和情緒障礙的機會，預防憂鬱及焦慮疾患。**

起初，對於被同學捉弄和欺凌，偉文雖感到不開心和生氣，但沒有向老師求助。然而，他的憤怒沒有因容忍而消失，結果，他在課堂內大發脾氣，使他更不被接納，也要接受處罰。他抑壓憤怒情緒，在家中自言自語，不停咒罵這些同學來洩忿，母親嘗試勸導他，最終卻演變成家庭衝突。面對偉文的憤慨，我透過觀察他慣常在家庭治療的行為表現，理解他從過往經驗學習得來和持續的行為。由於客觀環境不容易改變，我們只得把焦點放在偉文和家人都「不想要」的行為上。**在治療過程中，我採用認知重建（Cognitive Restructuring）的取向，協助偉文修正對於學校人際關係的想法和知覺，期望藉此改變他的行為。**

一般而言，認知行為取向的焦點，在於可觀察的行為，而不會假設人際的因果關係。在處理這些表徵問題前，要先探討哪些行為是他們想改變的，偉文希望母親不要再誤解和指責他，而母親要求他不要亂發脾氣和怒罵她。透過與母子倆的晤談，分析家裏發生這些不良行為的原因、收集他們對雙方行為的錯誤理解，以及激發了的負面感受，也發現什麼觸發哪些不受歡迎的行為反應。最重要的是，重新理解若這些不良行為持續，會有什麼後果。

對亞氏保加兒童來說，學習規則較容易，但要他們隨機應變、靈活思考卻不容易。每個兒童成長都面對不同挑戰，偉文也不例外。**我專注「此時此刻」的問題，先以個人取向的手法，試圖找出他在思考過程中的錯誤認知和理解。**我們對兒童行為背後的心理需要表達接納了解，在整個治療過程中發揮重要的功能。對這個家庭的治療介入，我們會先採用直接的介入方式，短期目標放在改變母親與偉文的直接互動模式上。母子氣憤時，自然互相指責，而且期待自己改變之前，都想對方先改變。教導偉文社交技巧前，我思索如何找出他錯誤的思考模式，他怎樣陳述那些使自己感到挫敗，以及引發緊張焦慮情緒的情況。從社會學的角度，我們相信人有發展的學習能力，即可透過觀察行為示範而促成改變，出現新的行為。過程是在家庭處境中，藉由治療師與母親的示範，讓偉文從旁觀察，學習在特定情境中做出合適的行為，包括澄清導致與母親衝突的不合理信念，讓偉文配合當下經驗所獲得新的行為，幫助他修正錯誤認知和感覺；繼而聆聽和探索他的新想法，讓他對自己的情況產生新的自我陳述。

經過多次家庭情境示範，母子倆漸漸建立正確的行為模式；同時也為偉文製訂家庭規範行為表，鼓勵父母學習更有效傾聽他的情緒需要，教導兒子如何陳述己見，增強自我表達能力。**在適當的場合和情況下，要學習提出要求和修正自己的回應方式，更重要是父母能對兒子有適當的讚賞和回饋，讓他懂**

得澄清訊息，強化新學習的行為。

雖然這家庭求助時，問題主要針對偉文在家中情緒失控，跟母親激烈爭吵，但他投訴的校園欺凌所構成的心理壓力，仍是要跟進的。畢竟當欺凌事件轉變為長期欺凌，才是家庭問題的主要壓力來源。

偉文的個案跟進

偉文的心智能否健康成長，與他和家庭準備和願意改變的誠意和程度有很大的關係。當偉文的父母仍處於觀望階段，擔憂的只是兒子做錯，尚未意識偉文在校園被長期欺凌承受的壓力，已對他的心理健康和情緒造成嚴重困擾，以致並未積極尋求校方和專業協助。這時候，父母看到偉文的情緒低落，偶爾情緒失控，某程度上並不否認問題存在，但對主動介入校園欺凌，仍舉棋不定，沒有主動跟校方聯絡和跟進處理。從系統概念理解，當事人跟其他系統的不良互動可能是治療的阻力，介入的阻力反映着家長與學校之間欠缺互信，擔心投訴後，兒子會遭報復和受不公平對待。

讓我回顧偉文的例子，我們尊重偉文自主的選擇，當偉文父母意識到校園欺凌的心理傷害嚴重後，他們最終主動聯絡班主任，尋求協助。隨着班主任介入，了解背後所發生的事情，立刻轉介學校社工跟進及作個人輔導，偉文的情緒平復了。**不**

過，師長仍需共同努力，幫助偉文發展社交和情緒管理能力。我們適切的介入，的確能推動這個家庭邁向更健康之路。

個案四：校園欺凌

何謂欺凌

由於一般人對欺凌的定義含糊不清，對欺凌行為蔓延的危機意識也不足，很容易忽視欺凌者對受害人造成的身心傷害。

從過往接觸的案例所見，個別少年案主面對不愉快的校園生活或學習問題，導致適應困難，有的甚至缺課和厭學。家長要特別留心，若子女成為被欺凌的對象，會出現低自尊、焦慮、退縮徵狀、成績退步，以及有挫敗感。校園欺凌行為多樣化，外國研究指出，亞氏保加兒童遭受欺凌的次數，較其他同伴高出四倍。在青少年期，男孩遭受同儕欺侮的比例較高，而且通常不會告訴父母，亦欠缺處理衝突的變通能力。

筆者曾在研究論文中提出，香港初中校園欺凌的形式，嚴重的包括掌摑、拳打、腳踢，或是以語言欺凌方式被人嘲弄身材、高度或外形樣貌，還有具威脅性「整蠱」或戲弄，甚至被人恐嚇。欺凌者會借故碰撞或撫弄身體的敏感部位，又或講粗口、説些猥褻或淫穢的話；羣體欺凌則有刻意排擠、杯葛、改花名、譏笑和羞辱；在不對等的權力和羣眾壓力下，被人威迫要幫別人拿書包、「拎重嘢」等。情況嚴重的更會被迫借錢、遭人擅取財物，及後又拒絕交還，不肯就範的話，更會被人蓄意破壞個人物品。

對青少年來説，另一種更難受的是網絡欺凌，欺凌者在網誌或交友網頁搬弄是非或散播謠言、騷擾短訊！只要被發現少許過失，都被人針對、向老師告發，加添欺凌對象的麻煩。

治療師介入

根據欺凌行為的心理研究，普遍認同欺凌行為不等同於一般的攻擊行為，因這些行為並非受到受害者所激怒而引發的。這是一種持續、重複事件，至於偶而的單獨打架或衝突，並不屬於欺凌行為。同時，欺凌者與受害者之間存在不對等的權力或勢力；以大欺小、以強凌弱、以多欺寡、以位謀權或以權謀利等行徑。

那些經常欺凌他人的學生，對受害者展示個人或羣體的權力，他們都有強烈的支配慾、欠缺對他人的同情心。他們想藉這些有意識的傷害、威嚇、侵犯別人的行為，展示個人的支配力量和控制地位，甚至以此把個人的愉悅建築在別人的痛苦上，是不良品德的表現。

接觸過不少欺凌個案，發現校園欺凌涉及結構性因素。欺凌者能在校園裏展示權力或勢力，那麼支配、侵犯他人的權力從何而來？這某程度上反映出學校風氣和校園管理政策不足。另外，在理解校園欺凌現象方面，有學者持跳出個人行為問題的觀點，不應過分強調欺凌者和受害者的個人特質，簡化為心理健康及認知功能問題，或以臨牀徵狀去界定欺凌者和受害者。只把其行為問題歸咎於個人的心理障礙或病態症狀，這樣將局限了介入處理的方式。

處理校園欺凌

個案三涉及校園欺凌。上文提到，雖然偉文與母親的溝通訓練，有助解決他們之間的爭執。透過觀察和模仿等，偉文建立新的行為模式，改善情緒表達和應對方式。偉文開始坦誠分享個人感受，增進了理性思考，產生符合事實的合理想法。另一方面，治療師從情境的視角，將評估的範圍從偉文的個人因素，拓展到其現實生活的家庭和學校環境，即探究個案學生、案主家庭與學校三者的互動和交往關係，以協助偉文處理和解決校園欺凌的困局。**從過往經驗中得出，學生欺凌和被欺凌事件持續發生，可能涉及家庭功能方面的障礙；因家庭關係出現危機，影響學生應對校園欺凌的方式。學校系統與家庭系統之間失去協調，以致未能及時採取適切的介入措施，制止校園欺凌也是原因之一。**

在治療中期，我們鼓勵家長主動聯絡班主任和社工，加強家校合作，動用學童及家庭應對問題的資源和功能，提升家庭應付子女欺凌或被欺凌行為的能力。

欺凌發生的環境

雖然學校處理校園欺凌的方式不同，筆者關注的不單是欺凌者或被欺凌者的個人需要，而是其整體及學校師生的需要，這有助於把成因和個人責任的焦點轉移，強化青少年的人際能力和應對事情的正向情緒。治療師應與老師和社工一起，全面了解欺凌或被欺凌者的家庭狀況、結構和成員關係、學校和朋輩關係，再進一步了解個人的認知經驗和價值觀，從而制訂宏觀預防措施。這些資料，可以為微觀的個人治療介入手法，提供參考論據。這樣才是較全面、徹底的處理方法。這是以家庭為本的校園欺凌應對策略，關注個人、家庭及環境三者的互動與交往，並了解這些互動的影響。即是說，從不同系統互相影響的方式來了解事件，有別於簡單的尋找因果關係。簡單來說，當某家庭成員被欺凌時，支持個人成長和強化學校與家庭的協作雙軌並行，使校園欺凌事件所產生的焦慮、恐懼和擔憂得以緩解。同時，通過預防再現維持症狀的循環互動模式，正視和解決校園欺凌事件，改善學童的社交、家庭和學校關係。

治療師採用「人在環境中」視野，指發生校園欺凌事件時，需要考慮的，包括「**微觀視野**」，也就是學生的個人情況，例如：學生的社交能力、成長發展障礙、日常生活接觸的人，如老師、朋輩、家人等；其次是「**中觀視野**」，思考學生與家人、朋輩、學校、社區友儕、虛疑世界的互動關係；還有「**外觀視野**」，這一項並非與學生有直接接觸，但屬於不斷影響學生的系統，包括家庭、學校或社會，如：師資培訓及支援是否足夠？學校對校園欺凌的對策及關注如何？家長與學校關係如何？家長的工作狀況？社區規劃或支援措施足夠？最後，「**宏觀視野**」是指，傳統教育觀念、流行文化，以及次文化的價值觀衝擊等均在考慮之列。

受害人

在介入過程的步驟，治療師應考慮學生處身哪個成長階段，在這階段他 / 她的需要的是什麼？他的父母和家庭規範如何教導他人際關係，並需留意父母與孩子在家庭中的角色，他們的界線怎樣。面談時，觀察和評估父母與青少年的心理健康和精神狀況，試從他們陳述的家庭故事，了解它正在告訴 / 説出 / 不能説出的是什麼事情。

治療關係中，交心（Joining）是重要的介入技巧。家庭成員對欺凌事件可能有不同的理解，治療師必須保持尊重和好奇心，將自己放在「不知道」的視角位置（Not Knowing Position），以便探索案主可能未知的故事。臨牀評估時，留意受害者是否有焦慮情緒，會否感到羞恥及無奈。當師長提及欺凌問題時，受害人會否情緒波動或迴避規勸，表現出內心矛盾與思想混亂？重點在於與我們的對象「交心」，建立良好協作關係，同時聚焦於當下各人在困境中的表現，相信學生或家庭成員都是試圖克服困境的人。

作為事件中的第三方，治療師要從當事人角度了解欺凌現象，不應預先假設，也不應以局外人或專家身分對欺凌作出主觀判斷。對話時，只以欺凌或有關的問題作為探討的焦點，並與當事人一起建構出對欺凌事件的理解，從中發現特殊意義。重點在於當事人如何理解家庭成員或學校師生對校園暴力及欺凌事件的看法，繼而探索這些理解又如何影響他們的處理、取態和解決方式。

接着，要探索當事人的家庭故事，了解家庭成員彼此對「誰是家人」的看法。別以為父母必然擔當家長的角色，家庭中能擔起家長角色的，可以是祖父母或近親，甚至是孩子本身。進入家庭，或邀請家庭成員參與對話和建立治療關係，先考慮哪位家人對介入手法會產生影響。**治療師掌握了家庭的角色協調現況，與及「父母與子／女」三者的親職角色和界線，就可以多角度了解案主及其家庭的多重生活面貌。**

最後，嘗試鼓勵家校建立協作關係，共同構思預防措施和具體執行防止校園欺凌事件，有助擴闊師生認識校園欺凌行為的嚴重傷害性。本章的欺凌案例，提醒「了解與發現」是改變的開端，協助師生建立新的視野或重新理解欺凌的互動模式，亦是一個改變過程。從功能分析角度來看，學生慣常出現欺凌或被欺凌的行為，背後具有某種功能和意義。將持續性欺凌事件，轉化為當下處理個案，尋找介入方向。這階段的「個案管理」包括幫助家人重新理解欺凌行為，扮演協調者角色；協調不同專業的介入，在為家庭系統、支援資源提供解決問題的專業協助。此外，**治療師也要對有關的人士作適當提議，包括：**

1 **父母**：我們要避免把父母視為告誡對象，或當成是學生欺凌行為的替罪羔羊，增加父母的無能感。

2 **案主**：避免強化案主視父母是無能的觀感。

3 **校方**：期望師長加強對欺凌者的監督，處理不良朋黨的聯結，強化學生對暴力、欺凌行為後果嚴重性的認知。

如有特別需要，鼓勵家長採取果斷的態度，直接介入校園欺凌行為，甚至報警處理。

個案五：過度活躍

過度活躍孩子的表現

過度活躍，即「注意力缺乏過動症」(Attention Deficit Hyperactivity Disorder, ADHD)，**複合型（Mixed Subtype）症狀的顯著特徵包括：**

1 **反應抑制缺陷**：孩童較常表現出無法等待，即缺乏延宕需求滿足的能力，也較難因應情境的要求而抑制對某一事件的即時反應；

2 **過度躁動**：孩童較常出現亂跑、坐立不安、抖腿、不斷轉換姿勢和位置、身體不停搖擺、敲擊物品、靜不下來又無法安坐等；

3 **難於維持注意力**：當孩童面對不感興趣卻又必須做，或需要他們格外耐心才能完成的事情時，容易產生無聊感，慣常把焦點轉移至其他活動，難以要求他們完成當前的事情。

除了以上所說的「複合型」，還有以下兩種：

1 **「過動 —— 衝動型」**(Hyperactivity or Impulsive Subtype)：主要症狀是專注困難、衝動及過動行為等，這類孩童缺乏耐性、不假思索就衝動做事和說話，輕則出言辱罵或詆毀別人；及後雖有悔意，但因他們易發牢騷，缺乏耐性，無法改正，仍容易跟他人爭執，還會引發衝突和還擊。

2「**注意力不良型**」(Inattentive Subtype):患者明顯有注意力缺損問題,但沒有衝動或過動的問題。孩童表現得較被動,表現散漫、活動量低又愛發白日夢、心智混淆,處理訊息緩慢等。他們在嬰兒期多數難於入睡,又常鬧哭鬧脾氣。

治療師介入

首次跟筆者見面時,志華正就讀小三。年幼時,他被診斷患上亞氏保加症。在小學階段,他的注意力難以持續、表現衝動及過動,讓人憂心他會否同時出現「亞氏保加症」及「注意力缺乏過動症」兩種發展性障礙。

跟進志華成長,以及為他的家庭作支援時,筆者慣例參照DSM-IV-TR(精神疾病診斷與統計手冊第四版修訂版)中兒童期疾患的診斷準則,追溯他的成長,了解他首次出現病徵是否在七歲或以前。雖然有些案例,會延至十二歲左右才出現數項不專注或過度活躍的症狀,這個可能的情況仍需參照診斷準則作出治療的考慮和支援!

在臨牀觀察和家庭晤談時,我會向家長詳細了解,志華的問題是否已持續至少六個月,並對他的家庭生活或學業能力造成什麼損害。收集他的資訊後,我要排除其他廣泛性發展障礙問題,判斷他是否出現下列六項或以上的診斷準則。

在注意力方面，相對其他同齡孩童，他是否：

1 經常無法注意細節及粗心犯錯；

2 做功課或活動時難以維持注意力；

3 無法按照指示完成作業；

4 無法專心聆聽別人對他說話；

5 經常遺失物品；

6 善忘，記不住東西；

7 逃避不喜歡的課業；

8 難以按規劃完成任務或活動；

9 容易受外界刺激而分心等。

在過動、衝動行為方面，他是否：

1 時常離開坐位；

2 不恰當地或過度奔跑或爬動；

3 手忙腳亂扭動不停；

4 心急搶答問題；

5 說話很多；

6 打岔他人的談話；

7 難以安靜遊玩或學習；

8 難於輪候或等候；

9 精力過盛、狀態活躍等。

某些兒童在七歲以前即出現這些過動、衝動或注意力欠缺症狀，嚴重影響生活；個別案主的症狀更會發生於學校及家庭裏，甚至在其他場合頻繁出現，大大影響他們的正常生活。

臨牀判斷

根據 DSM-IV-TR（精神疾病診斷與統計手冊第四版修訂版），ADHD 的病情可界定為輕度、中度及嚴重三個等級。判斷時必須找到患者在社會、學業或職業功能已受損的臨牀證據。在精神學上，所謂的「功能」，是指一個人在日常生活各方面的不同表現。對兒童來說，症狀對他們的功能構成的損害，主要在學業和社交表現方面。另外，在《精神疾病診斷與統計手冊第五版》中，ADHD 已歸納在「腦神經發展障礙」（Neurodevelopmental Disorder）內，並容許 ADHD 與自閉症的診斷並存，顯示即兩者共病（Co-morbidity）的情況普遍。

另外，「干拿斯檢測量表」（Conners Abbreviated Symptom Questionnaire, CASQ）可作篩檢工具，以評估兒童在學校和家庭兩個不同場合的表現，但這只是輔助診斷的其中一種方法。

家庭系統對孩子的影響

針對志華在家庭的活動情況，我鼓勵家長以「互為影響的生態系統」作框架，理解孩子及家庭的發展需要。那麼，何謂「系統」？系統（System）的英文字根，是希臘文 Systema，意指「許多東西聚合成形、足以自立不倒」。西方思潮談論「系統」是指人類把世界中的種種客體「現象」，都視為人以理性認知的「對象」，從中探索可能具備的意義和價值，如生態系統，「生態」（Ecology）的語源是希臘文所指的「居住之地」，意即居住者與環境的關係，中心課題是探索生命體與四周環境的相互關係。

至於家庭系統則是一種可預期的組織，系統內沒有任何成員可以單獨地去了解。家庭整體凌駕所有個別成員。要了解家庭中的夫妻、父子、母子或兄弟姊妹之間的關係頗為複雜。這些家庭中的子系統是動態、可變及互動的，而且存在着紛爭、結盟、聯手或緊張的狀況。個體和事件會互相影響，家庭成員彼此觸碰，影響了各人的處境和對應方式。

故此，要認知志華的主觀經驗和情緒行為問題，必先了解他在家庭和學校生活的變遷和互動模式。或許他經歷着某些社會情境，而產生壓力或焦慮反應。ADHD 兒童會有情緒共病，並以抑鬱症最多，其次是暴躁和焦慮，易以痛症表現，如腹痛、頭痛等，即所謂「軀體化」病徵，而非情緒化的病變。由於病因繫於情緒，病徵位置也難於確定，所以未必能在身體上找到毛病；然而隨着情緒改善，身體不適的症狀會明顯舒緩。由於兒童表達情緒可能有困難，照顧者有時難於確定是哪一類問題，醫生或統稱為「情緒病」。

志華生活上依賴家庭成員及師長的照顧和教導；所以，家庭和學校是他成長中兩個重要的系統。當志華出現情緒行為問題，家長可參考，並視為不同系統的不協調現象，可能是學校與家庭、家庭成員或家庭關係互相關連和影響的展現。既然志華生活在特定的處境中，我們鼓勵父母了解他當下的處境，關注他如何與四周環境互動，以及互相影響的因素。治療師可從家庭觀點認知志華的成長發展，但不應簡單地檢視過去，試圖解答某種行為發生的直線因果，而是將注意力放在目前的行為模式。

為志華作臨牀家庭支援，我們觀察到，他呈現的情緒行為變化。我們不着眼於他的過去，只從關係觀點看志華的症狀行為發展，即將他的情況，解讀為目前家庭系統中不良功能的互動的結果，甚至是他在學校生活出現了有缺陷的互動，或處於失衡狀態。由此，我們會在家庭中支援父母，促進志華的心智發展，強調家庭的歷程是循環因果的，家長不應以直線思維，理解事件是單向刺激與反應。事實上，家庭某位成員的改變，必然影響其他成員及整個家庭，所以家庭內要容許彼此有新的互動方式呈現，發展更多可行的方法解決困難。

訓練孩子

志華就讀高小時，接連經歷不同的生活改變，因應學習要求和父母期望轉變，他承受着親子關係的衝突帶給他的壓力和焦慮；而且，他無法適應父母僵化的管教模式，產生不良的情緒行為。在臨牀觀察中，志華總是獨個兒玩玩具，不喜歡跟別人一起，溝通時缺乏正常的眼神接觸，語彙狹隘，只管說他想要說的話題，屬於自閉症與 ADHD 同時出現的現象。

不過，與志華對話，他常給我意外驚喜。他對火車的專門術語，各國生產的車頭類別、型號、年分，都如數家珍，可見他本身擁有驚人的字彙記憶能力。每次與他見面，他都急不及待報告最新的火車資料，他擁有的知識和資訊，報告內容的精采，就像個小博士，迷倒我這個「火車小學生」。

雖然他能夠以學術用語談論熱愛的東西，但他接收語言的能力有限。如果要他理解別人複雜語句中的內容，以及語句內隱含的意義時，常會露出困惑的神情。「火車演說家」在現實生活中有溝通障礙，為父母的便感到擔憂和無奈。在家庭教育方面，我會指導父母，如何與志華進行雙向對談，關心他要說明的某個重要情緒事件。

然而，志華已過了語言技能發展關鍵時期，周遭的人對他的溝通能力和文字表達都有明顯要求。以他的年紀，理論上已從以具體形象思維理解概念，漸進過渡為以抽象邏輯思維方式去推理和判斷。可是，礙於志華較難掌握有邏輯或順序連貫的事情描述方式，加上他的心智能力缺乏彈性，不懂使用不同的話語作進一步說明解釋，所以總是無法向別人傳達他的意思。

除了火車，志華也喜歡「喜羊羊」的故事。於是，我善用連環漫畫對話，跟隨故事的人物，指導他如何從交談中明白對方的想法和感受。為了讓他學習小組交流，我運用角色扮演活動，邀請父母加入向他說故事，意圖從這種家庭對話活動，由父母示範怎樣運用身體語言，調校說話聲調，表達情緒感受，繼而作出合宜的社交回應。至於我的角色，是促進父母對志華的了解，志華傾向以字面解釋詞句字意，他需要有人指導，說明修辭片語的意思，並進一步解說這些語句隱含的多重意義。我相信志華在角色扮演和說故事中，與父母演習一些社會性情境，在當中經歷的互動和對話，有助他掌握新的社交對話技巧。隨着我們的鼓勵和讚賞，他的動機和自尊感也能提高。

父母協作

陪伴志華成長，需要很大的耐性。父母因工作壓力或照顧家庭，生活繁重，未必能耐心聆聽孩子的説話用語和思考他的言詞。況且，跟志華對話時，他慣常改變話題，又會突然大聲喊出自己的想法，還會自言自語，內容缺乏連貫，不懂延續和結束一段對話，叫父母吃不消。

對此，治療師可指導志華學習組織言語，説出連貫的故事內容，例如選取社會性的現實生活故事，與他演習簡短對話片段，並教導他延續對話的內容，學會樂意跟對方繼續交談。與此同時，與父母構思一些改善對話交談技巧的活動，促進志華的理解能力，希望增強他心智的成熟度。

為志華設計家庭教育活動時，筆者會協助父母建立一個具彈性和要求的生活學習情境。由於志華的自我控制能力較弱，我們鼓勵家長教導志華良好的生活習慣，例如：作息活動時間、定時功課溫習、個人衛生清潔、每天收拾整理牀鋪等，一些簡單的事足以減低他在學習中可能遇上的挫折、困惑和突發的情緒。

在認知行為層面，針對志華不易專注和衝動的行為特質，在聽解和閱讀學習時，加入肢體和遊戲活動，藉「玩中有樂、樂中有知」的學習過程，提升孩子的身體和感官的知覺，並示範何謂良好的行為，讓他透過模仿和重複練習，提升他的生活實感和自我控制的能力。與此同時，輕鬆愉快的家庭互動活動，有助減低志華的焦慮情緒，不易因挫折和憤怒行為失控。

總體而言，治療師要善用當下相處情境和家庭資源，以強化個案的支持系統；同時支援父母改變被不良習慣所套牢的回應方式，嘗試建立理性溝通模式，以人性化的生活素材跟孩子閒話家常，身教言教引導兒子邁向健康成長。

個案六：撒謊

1. 四歲兒童會說謊
2. 鏡頭下的謊言

1. 四歲兒童會説謊

誠實是從小需要培養的良好品德。然而，心理學家曾以各式各樣的「誘惑 —— 偷窺」實驗舉證，幾乎所有四歲小孩都已經懂得説謊。其中一個實驗是，成人在受測試的孩子身後擺放會發聲的玩具 / 糖果，然後跟他説暫時離開房間，提醒孩子在成人離開時不能偷看 / 偷食。

門關上後不久，孩子會轉身偷看 / 偷食，但他們不知道自己已被攝錄了。這時，成人返回房間，還故意發出聲音，讓孩子聽到，給他足夠時間轉身坐好。成人入房後，會追問孩子曾否偷看 / 偷食，你猜想孩子會否説謊？結果，三歲孩子多數承認自己曾犯規，但四歲的則會否認，約有九成多的六歲孩子更會撒謊。甚至，有研究曾指出四歲孩子已知道，別人也會講大話的事實。那麼，愈聰明、愈懂得察言觀色的兒童，真的是説謊能手嗎？是否每個孩子都擁有「講大話」的能力？

事實上，孩子還懂得以謊言掩飾另一個謊言，為自己的行為提出「講得通」的解釋，避免被人發現前言不對後語。或許，父母不明白孩子怎樣學會説謊？家長會驚訝，原來孩子撒謊是認知能力和社交技能的高水平表現！學者説：「兒童大腦發展的重要里程碑是説謊。」心理學所謂的欺騙行為，意指個體有意圖使人產生錯誤信念，讓他人作出錯誤的行為決定。所以，欺騙肯定是人類的重要技能。

一般父母仍認為，孩子年紀小，毋需理會他們的謊言，甚至覺得他們根本不懂得說謊是什麼。多數父母都曾跟我說：「他有沒有說謊，我一眼就看出來！」有些則說：「我們經常斥責他，不准他說謊，但他依然故我。」

當父母問子女：「說謊對不對？」孩子必然回答，講大話是錯的。如果父母繼續追問，「為什麼說謊不對？」孩子多數回答，「說謊會被人責罰。」結果，孩子會為掩飾過錯、不想受罰，不得不撒謊吧。家長又會說：「威嚇他，說重重懲罰他，看他怕不怕，怎敢再『講大話』。」或是「保證不處罰，他就容易說實話。」不過，研究指出於懲罰環境下長大的孩子，不會少說謊言，只會把謊言說得更好。孩子根本不太相信不處罰的保證，反而會保持謹慎，免得謊言露出破綻。

說謊的動機

很多時孩子知道別人跟自己想法不同，所以有意識和目的地說謊。而且，當他認知到當下的處境，還會考慮說出不同版本的話。他預先思考，並設法讓謊言達到目的，同時也刻意提防，不要在面部表情或言詞上露出馬腳，有了這種想法後，便設法說服別人，腦中還會猜想對方的想法。

當孩子的謊言突然多了，家長要留意他的生活是否受到什麼事情困擾。有些孩子說謊，是為了避免衝突，使相關人士好過一點；但家長要讓孩子意識到，即使善意的謊言也是説謊。

父母的謊言？

什麼是謊言呢？在心理學上，謊言是指一切不符合實況的信念、觀感和期望。父母教導孩子不要撒謊時，可有思索孩子撒謊的形式嗎？**父母可先做以下小測試，試看以下的陳述，自己曾否向孩子表達類似的説話或信念：**

1 我的孩子不教不成器。

2 我的孩子若出現不當行為，都源於我的管教不善。

3 孩子的學業成就，是我們家庭的首要事情。

4 孩子遭逢挫折和犯錯，都因父母不好和失敗。

5 孩子鬧彆扭時，真叫父母丟盡面子。

6 孩子必須贏得別人讚賞，否則他的社交生活會很糟。

7 孩子必須以賞罰為餌，才可有效管教。

8 孩子必須學習各種才藝，不然他就會輸在起步點。

9 孩子表現必須盡如我意，這才沒有白費我功夫。

10 我所有孩子都要得到全然一致的公平對待，否則就是我的過錯。

父母腦海中是否有這些信念，甚至不知不覺記存許多「管教謊言」，還信以為真？或許你不肯承認，部分我們告訴自己的話，其實也是謊言。我們許多錯誤的信念，會在腦海的錄音機內無意識地不斷播放，深深影響孩子。另一方面，我們也可能向自己撒謊而全然不覺察，並會信以為真。這些自我矇騙的謊言，也許是我們心裏的渴望。但父母教導孩子說謊欺騙不對，自己卻經常撒謊，這才是對子女最大的傷害。

2. 鏡頭下的謊言

露雲是小六女生，生長於小康之家，弟弟唸小一。父母忙於工作，慣常夜歸，姐弟倆由年過六十的婆婆接放學。幾個月前露雲拒絕上學，每每夜歸，瞞着父母，跟同校男孩子外出遊玩，被發現後，經轉介由治療師家訪。

會談開始時，父母苦口婆心地勸女兒要小心交友，可是她一直低頭玩手機，不肯對話。露雲沉默不語，沒為自己辯解，身體一緊繃，現場氣氛有點壓迫感。我沒有把握即時減低她的自我防衛，於是轉而參觀客廳的佈置，發現有鏡頭「掃射」，弟弟搶着說：「爸媽要看到我們呀！」

吳先生說：「只想在公司都能知道家中情況。」

弟弟說：「爸媽想知道家姐什麼時間回家。」

吳太太接着說：「阿女成日在房，在房間講電話，喚她都不肯出來，要很大聲吵鬧，才能把她叫出來。」

這時露雲反駁說：「為何要我出來？我要留在自己房間，有何不可？」

媽媽面露不悦，卻儘量沉住氣地說：「躲在房間，有什麼不可告人的事麼？」

眼見母女倆沉不住氣，開始對質，爸爸轉眼望向媽媽，她即時吞聲忍氣，不再跟女兒駁斥下去。露雲也識趣地轉向弟弟，又向着攝影鏡頭扮鬼臉。

把握此時此刻的情境，治療師轉向姐弟倆：「你們被這個鏡頭拍攝習慣了嗎？」弟弟開心地指着說：「這個窗邊位拍不到我！」

治療師回應道：「啊！原來你知道哪個位置鏡頭拍不到你的！」

吳先生冷靜地說：「我不是要監視你們，不過家中無成人，我們總要監視菲傭姐姐和家中情況。」

露雲仍默不作聲，裝作聽不懂，而弟弟望向媽媽低聲說：「鏡頭拍到家姐何時回家。」

治療師把身體移向媽媽身旁，輕聲問：「你們掛心姐姐放學回家的情況嗎？」

媽媽顯得有點緊張地說：「她放學後不肯跟我們聯絡，搖電話給她又不接聽，不曉得她什麼時間回家。要求她接我電話，但她不聽話，我們根本沒辦法知道她去了哪裏玩，什麼時候返？」

露雲調高語音不滿地說：「什麼呀？我才不接你的電話呀。我什麼都要向你報告嗎？終日說我隱瞞你、真話你又不信，又懷疑我說謊！」

剎那間，女兒由沉默不語變得目無尊長、囂張傲慢，媽媽也提高聲調，指責她學壞了，不再是以前聽教聽話的女兒。媽媽還表示，擔心女兒經常説謊，不曉得她「邊樣真邊樣假」。

治療師趁機邀請露雲，講述她放學後的活動，露雲簡單交代自己跟兩位男同學放學逛商場、打手機和傾談，又有人請吃麥當勞。治療師問露雲：「見你眼神這樣堅定，你可有如實向媽媽報告嗎？」

露雲轉眼望住爸爸：「你們一直懷疑我交上什麼壞人，怕我受壞人騙，你們不信我啦！」

雖然露雲願意透露實情，但由於她對父母依舊囂張無禮，治療師不想她那麼過火，便轉向父母，跟爸媽閒談幾個他們關心的課題，如你們擔心女兒在哪方面改變了？跟她聯絡不上，又不知她在哪裏，心情會怎樣？女兒怎樣表現才可令你們放心，讓彼此感到信任？

父母很快放下防衛，意識到治療師體諒他們的處境和管教女兒的困難。原來，他們知道露雲跟其中一位男生談戀愛，參與課後團隊途中，向導師編了故事，雙雙借故偷走。被發現後，父母感覺她仍在隱瞞很多事情。況且，在家中有不滿時，她經常對弟弟態度惡劣，偶爾怒罵和動手打他。爸爸直言：「我們很少留在家，想知道家中發生什麼事。攝影鏡頭是我們的實時家居保安，老人家都照管不了孩子，我們想儘量看到兩個孩子！」

不管爸媽如何解說，女兒只顧為自己解說。她坦言，討厭受管束，也不想父母尋根問底，像盤問犯人似的。況且，她不想被家中攝影機時刻拍到她的一舉一動，於是躲在自己房間，只有那裏最感自在舒服。

愛太多了

有時父母給子女的愛「太多」，過分擔心他們容易學壞。正如露雲的故事，他們要告訴父母，他們需要更多的信任和空間，才能經驗成長的考驗和掙扎。假若父母不信任和過分保護，不知不覺間變成控制，甚至將不安的感覺、監控管制與家庭關係纏擾在一起，阻礙家庭生活的健康發展。父母要學習，只要兒女平安，便對孩子信任和放手。露雲表面上很受教，也不算反叛；但背後卻是另一回事，她主觀上覺得與家人疏離，感到被拒絕。父母對她的嚴格控制，加深了她的疏離感，她認為父母掛在口邊的守護與關懷，只不過是控制她的藉口，結果漸變成另類的自主權力爭戰。

在有限的家庭敍事中，筆者感到父母可能忽視女兒多面向的自我發展。雖然露雲曾撒謊、賭氣、借故離家外出、跟男同學流連玩樂，不過，她也關心學業、成績良好、在學校和家庭也守規。難怪父母愈擔心和過分保護，會被露雲誤讀為另一種不信任的控制，甚至是限制她的自由。

打破僵局

要打破這個家庭僵化的不良互動，筆者嘗試策略性地與父母協商，將問題焦點轉移，由露雲的個人行為問題，轉為鼓勵父母幫助女兒，發展青年期的心智健康和社交能力，並加強她的身體健康、心智感情和社交技巧。**與家庭同行，鼓勵父母多一些信任女兒，而不是監控她，支持她的個人成長，才可以促進家庭整體的健康關係。這些治療不是直接達到治療目標，而是循環復始，不斷修正，能為孩子心智發展和家庭教育開闢更多可能性！**

在治療初段，父母對露雲的信心不大，即使治療師建議放手，父母仍感到疑惑不解，帶點焦慮不安。畢竟，露雲已踏進青少年期，她正為自主而戰，難免會增加與父母之間的衝突。

自從那次家庭面談之後，露雲願意放學後主動向父母匯報去向，爸媽也學習尊重她的個人空間，信任女兒的自理能力。我們與露雲協商，鼓勵她在家中成為學習模範，成為弟弟的功課導師，媽媽也樂意獎勵他們的學習表現！

露雲的反叛，不會因父母的勸導而立刻變得好，治療師也不會過分樂觀，忽視不良環境和朋輩交往等因素，使露雲在成長上退步。**家庭治療是治療師與家庭共同建構的過程，在這情況下，父母和露雲重新理解之前監控和説謊的處境，治療師要**

給父母充權（Empowerment），也要鼓勵、讚賞露雲在自我探索上的努力。當然，青少年的反叛挑戰，仍是出人意表，治療師只能堅守信念，永不放棄生命的成長。

個案七：反叛

1. 反叛少年的心態
2. 心不服氣的樂兒
3. 珊珊的自我世界

1. 反叛少年的心態

孩子在成長過程中，偶爾遇到挫折或困難，不知不覺採取了「不成熟」的自衛機制來應付和調適。讀者的子女曾否採用一些消極的方式，諸如迴避或出現退行的現象，以幼稚行為應對壓力，甚至利用自己的退行以獲取他人的同情和照顧，迴避面對現實的責任和痛苦？心理學家指出，兒童和青少年十分重視自我形象，自我的概念包括對自己的認知感覺、個人價值觀和信念等。孩童由六歲到十二歲期間，自我概念取決於別人對他的看法，深受與父母、師長及同儕的互動經驗所影響。同時，孩童對自己的看法，會影響他怎樣看別人自我表現的方式，和與人相處時的行為和感受。當自我概念形成後，他們會以自我防衛機制來保護「自我」這概念，以減低生活中遭遇挫折和壓力時的不愉快經驗，也會以否認、壓抑等方式，不自覺地把威脅和痛苦情緒和想法，從意識中排除出去。另外，當他們情緒爆發，會從個體轉移到其他替代的人或物身上，藉此處理焦慮，並向較安全的替代目標發洩或釋放負面情緒。

相信讀者都聽過「酸葡萄」的寓言故事，一隻狐狸因吃不到高樹上成熟甜美的葡萄，而自我安慰地說：「反正是酸葡萄，沒有什麼好吃的。」孩子曾否經歷相似的故事？他們吃不到葡萄而把葡萄說成是酸的時候，家長能否了解這心情？

如果孩子面對別人的對抗和威脅時，選擇過度表現某種態度或行為，做出一些與真實感受相反的言行，這就是反向作用的心理防衛。假若他們感到不被接納或自我形象受損，會嘗試找個合理的藉口，以化解自己的錯誤，給失敗一個下台階。對於個人不被接受的慾望或缺點，孩子透過投射，把那些不被接受的東西歸罪於他人，藉以維繫對完美自我的觀點和印象。有時候，孩子面對極大壓力時，會出現退行現象，返回年幼時不成熟的行為模式，甚至躲進幻想世界，補償受挫的不愉快現實經歷。心理防衛的功用是保護自我，以此維持自尊感，但當孩子過度依賴防衛行為，又或行為無效，他們的焦慮會增加，造成惡性循環，正如樂兒和珊珊的故事（頁 114-121）。

父母怎樣看孩子的反叛？孩子怎樣的言行才是叛逆？如何使反叛的少年納入正軌？或許先讓我把零碎的片段連貫一起，給家長聆聽反叛少年的獨白吧！

反叛少年的獨白

「父母對我的要求甚高，不斷要求我成為一個才德兼備的人。他們不能容忍我測驗、考試不合格，有任何看不順眼的，他們會立刻説出，並且要我同意。縱使我行事小心翼翼，他們仍能找出問題教訓我，我怎能這樣忍讓呢！」

「別人覺得我戀父。的確，從小到大我喜歡跟父親在一起，小時候喜歡他有力的雙手，長大後欣賞他內斂的性格和沉着的思考。在家中，他的尊嚴是不可冒犯的，而我從父親身上也看到自己固執堅持的脾性。」

「對於母親，我總是愛恨交集，她的嘮叨和責備，我只能當是愛，不過錯用表達方式，但她的臂彎始終是療傷的巢穴。」

「不知道這是對或錯，父母對我過分照顧，管教很嚴，愛得變本加厲。我初時叛逆，在家的日子，總是不斷地小吵小鬧，他們對我似乎有數不盡的意見，而事實是即使我沉默，他們也彷彿不自在吧！」

「媽媽時常因很小的事而大發雷霆，一發不可收拾。我不能說她脾氣壞，因為在某些事上，她有一定容忍。只是一旦她爆發，便會說很多傷害我自尊心的話。為了保護自己，我時刻計算她的好惡，避免掉入她厭惡的範圍。」

健康的青少年成長

對於青少年情緒健康的發展，心理學文獻提出幾個重要的參考範圍：

1 對自我的態度，如是否接納自我、明白自己的長短處、沒有搖擺不定的過分自卑和自大，情緒健康者能改善自己的短處，增強個人優勝長處；

2 個人感情、行為和思想的功能協調，能不能開明地堅持己見，較少出現內心衝突或受欲望困惑；

3 能在社羣中生活自如，個人意見能相對地維持獨立性，珍惜社會關係並在良好關係中成長；

4 面對逆境時，能夠耐心接受現實，忍受動盪帶來的不安和艱苦，具備解決問題的技巧，能控制消極情緒和創造條件實現目標。

2. 心不服氣的樂兒

曾聽過好些少男少女，因不滿家庭，對父母的言行和管教方式看不順眼，衝口而出説自己不是父母親生的，又或説羨慕哪家的子女多好多快樂。

小六的樂兒住在居屋，母親是家庭主婦，父親則穿梭中港兩邊工作。樂兒平時溫順可人，不喜歡跟粗聲粗氣的同學交往，對她們的高談闊論感到討厭。可是，當她被別人觸怒，總是控制不了情緒，跟同學大聲鬥惡，粗言吼叫。事後，她自覺失態，感到後悔，恐怕自己不再是別人心裏的溫柔可人兒。原來樂兒的父母意見不合時，母親也是慣常高聲指責，把爸爸的話壓下去。隨和的父親面對媽媽，總是放軟態度遷就，不再堅持説下去。這個家給樂兒的感覺是，誰夠惡夠大聲，誰就「話事」，其他人只能乖乖聽從。

當樂兒不跟從母親的意思去做，會不自覺地大聲拒絕，先指責母親的不是，而母親自然不容易放過她，看誰夠「大聲」、夠惡，便把對方壓下去。起初，母親仍有一刻優勝，久而久之，樂兒不認輸，難聽的話也説出口，叫媽媽贏了也不好受！治療師曾問她，這是你應付媽媽的「好辦法」嗎？樂兒雖然不喜歡這樣，但又對母親的言行反感，而且她覺得跟媽媽鬥「大聲」鬥惡，就能迫媽媽就範，放棄自己的原則和立場，按她的意思做。

一般來說，父母是兒童的仿同（Identification）對象。仿同是兒童的正常心理現象，是一種無意識的傾向，選擇性模仿或順應他 / 她心中尊敬和重要的人的態度和行為，從而「吸收」他人的優點及掩藏自我的缺點，以增加安全感和被接納的感受。樂兒的思想、情感和行為，主要受到家庭環境影響，這也可能是她的防衛機制。**這種「反感性的仿同作用」(Hostile Identification)，是一方面感到反感，另一方面又要仿同，她的內心感到矛盾和掙扎。**

孩子在人格發展過程中，特別愛模仿和吸收父母親的言行和思維，這是源於「內射」的作用，把原本外在的東西吸納，內化為個人人格的一部分。兒童「內射」作用的對象多數是父母，是他們既愛且怕的人，又會對他們感內疚，這是人格未成熟時呈現的心理活動表現。所以，俗語說：「要知道他的為人如何，看看他的子女便知道！」

治療師介入

良好的心理治療介入，不一定需要治療師站在治療過程的前台，有時反要做幕後英雄，激活家庭的改變機制。據知，樂兒年幼時很喜歡留在媽媽身邊幫忙家務，很得街坊鄰居的歡心。儘管樂兒與母親鬥嘴，處處顯得不服氣，但她仍會遵從母親指示，學校成績也理想。

因要遷就父親回港的時間，全家參與治療會談的機會不多。第一次會談，只接見母女兩人，而第二次探訪時，媽媽非常聰明地收到樂兒的信息，領悟自己要改變與樂兒對話的態度。家訪的關鍵任務是識別樂兒與父母之間怒罵指責的捆綁，以及辨認導致自我挫敗的循環互動模式。治療師要協助父母意識到他們都對維持這種有問題的模式起着不同的作用，惟有每個家庭成員都不再看問題只來自女兒青春期的反叛，重新理解問題，知道問題跟自己有關，同時樂意改變家庭關係的互動模式，才能解決困境。

本個案的具體治療目標有三項：

第一：協助樂兒知道，她是自己情緒行為的掌控者。因此，她應該為自己的言行態度和決定負責；

第二：改變樂兒的看法，明白父母是關愛她，而不是要控制她；

第三：讓父母意識到，樂兒正邁向獨立自主的發展階段，理應嘗試以對等方式交流對話，了解她的感受和看法，讓彼此看到回應不同需要的多種選擇。

基於這個家庭的親子關係基礎良好，我們決定採用間接手法，相信三人都能跟據自己的自由意志，回應各人的需要和期待，作出適切行動。我有效地運用「未知」的立場和提問技術，促進父母女的直接對話，讓樂兒選擇，究竟想過着永無安寧的日子，還是改善與父母的關係？**這樣的手法，是透過家庭生活經驗給樂兒賦權，邀請她為自己的言行態度負責，學習柔和體諒的態度，減輕樂兒的內疚感和矛盾。**經過大家的努力，樂兒真的表現出對個人行為的選擇和決定所應有的責任感，父母也學習陪伴女兒邁向成熟的心智發展階段，可說他們都是贏家了！

3. 珊珊的自我世界

當孩子走進青少年發展階段，反叛看似是必然的進程。**筆者不敢說單靠個人輔導，就可帶領兒童與青少年走過成長風暴的考驗，但我們團隊的家庭支援，強調家庭的所有成員都是關顧對象，將我們的專業介入、診療和關懷的支援，從個人轉向整個家庭，焦點是關係，而不會停留於處理兒女的個人問題上。**這不僅能幫助處於成長蛻變中的兒女，緩解內心的矛盾和衝突，更為受助家庭提供機會與溝通平台，把隱藏的家庭衝突呈現出來，促使家庭成員利用自己的資源，找出新的選擇和解決方法。

由成長危機到家庭轉機

伴隨青少年成長，我抱着這樣的信念：

1 協助他們解決自己的問題；

2 尊重聆聽受助家庭的聲音，反思和了解他們的主觀經驗；

3 回應家庭成員的人生歷程和心理社會需要。

每個讓我們介入的家庭，都願意與我們同行，他們跟我說，彼此的誠摯交往、關懷接納和願為孩子的努力付出至關重要。曾有一位父親這樣說：「我倆夫婦這麼努力為孩子付出一切，但我不能理解為何她仍有那麼多埋怨和不滿。眼見她經常上學遲到缺課，離家夜歸，我們什麼都不敢說，只怕愈責難她，她愈走愈遠。如果沒有了阿女，真的不知怎辦，我跟她說只要她願意回家就好。羅博士，你與我們一起，她才肯對父母多說幾句，我們才有機會說出自己的無奈、怒氣和辛酸。她剛把問題說出來，我們才知道出了什麼亂子！」

面對兒女的成長危機，我們會採用直接干預手法，為他們提供相關知識、法律忠告、指導和建議。家庭探訪和面談時，我們的醫生團隊以間接干預為當事人營造支持和安全的治療情境，有助大家面對問題。重要的是促進家庭各成員表達自己不同的理解和看法，讓他們彼此聆聽，知曉對方的需要，看到當下呈現的多重現實。我們偶爾會直接面對他們的家庭衝突，但我們會勸勉和建議家庭停止具破壞性、傷害性的互動交往方式，並鼓勵和堅決要求他們，嘗試以不同的互動方式作出新的回應。

治療師的介入

珊珊讀初中，喜愛閱讀和寫作，偶爾給我看她創作的文章。我們曾經翻閱作家余華的隨筆集《溫暖和百感交集的旅程》，閒談作者追溯文學閱讀的歷程和深刻動人的故事。珊珊是富創造性、愛做白日夢，又情緒化的獨生女。她的獨立自主意識很強，我行我素，總要跟父母爭辯後，才肯妥協讓步。面對這位詞鋒尖銳，好辯多言的女孩，母親偶爾忍不住跟她爭吵。媽媽能言善辯，絕不輕易退讓，難怪兩個才女同場演出「熱刺和百感交集的淚情」！

面對珊珊的「獨立抗爭」，在第三次家庭探訪時，我跟她說：「年輕人在追求獨立的人生階段，反抗父母，是頗常見的發展歷程。況且，你真的日漸長大獨立，需要有自己的主見和做法，我支持你為自己的生活行為負責。但是，請你不要以鬥爭的方式，把家庭生活變成跟父母的戰場，結果贏了一口氣，卻破壞家人互信的關係，輸了親情關愛。我樂意協助你爭取獨立的成長空間，但不是爭論誰勝誰負、誰對誰錯。你願意接受我的幫助，輔導你的心智發展，和發展其他能力，不用跟父母抵抗爭戰嗎？」

同樣，我還會轉向父母：「女兒期待獲得你們信任，相信她能應付自己的生活，不過她依舊會爭取話事權，會出現對抗行為。如果你們容許她在生活某方面學習獨立自主、自理負責，女兒就不必事事猜疑、矛盾，跟父母僵持對抗！」

根據我們的臨牀經驗，在適切的情境下，使親子衝突正常化，把具破壞性的衝突語態言行，轉化為理解家庭衝突的內容；讓家人識別親子衝突的核心和真正需要，修復衝突激化的損耗，重整健康的親子關係。這樣的治療策略頗具臨牀療效。

在接下來的幾次家庭面談，珊珊仍被投訴情緒波動，跟媽媽鬥嘴、堅持不退讓。不過，當回顧她們的家庭生活，父母已開始掌握如何傾聽青少年的聲音，尊重她的觀點。他們能把家庭衝突，轉化為建設性的解決方案，我便將這項任務交還給他們。我熟悉每位家庭成員，也與他們建立了良好的治療聯盟和信任關係，但我的目的是導引他們為自己的家庭負責。

跟進青少年個案時，須持續評估案主生活的各方面進程，如學校生活、社交朋輩和家庭關係等。對珊珊來説，她的壓力源於優秀的成績。媽媽着緊她的成績，給她帶來無形的壓力和心理負擔。她與大多數獨生子女一樣，傾向於採取自己習以為常的反應來應付壓力，比如撒嬌、霸氣，與父母「鬥爭」。

幸好珊珊家庭教養良好，雖然媽媽仍視她為幼稚，她卻熱心地給好勝的媽媽提出很多好的生活意見，幫助媽媽走進年輕人豐富的感情世界！

個案八：對與錯

1. 少年的道德思維
2. 「問題」青年看家庭
3. 介入偏差行為個案
4. 網絡色情陷阱
5. 阿玲的傷害
6. 性罪行釋義
7. 援交獵人

1. 少年的道德思維

曾遇過一宗青少年偏差行為個案，案主跟我說：「大人為什麼要我做好人？你看到好人一定有好報嗎，壞人就必定有惡報？呸（粗口）！你不見嗎，壞人可以繼續作惡玩弄人，為所欲為，還有人崇拜他們！我又無被人拘控過，你不用再教我要做好人。」

我沒有即時跟他辯論誰是誰非，只關心他過去的經歷。可是，他追問我的回答，我答道：「你會否同意每個人的生活，至少在某程度上是他希望的那個樣子？在『該做什麼』這事上，你是有自由意志選擇，同時你也要為自己的所作所為，承擔隨之而來的後果和責任。」

面談中段，我懇切地問他：「你可會相信人生下來，就有一種本能和傾向，推動人們趨善避惡，這是人的本性、叫作『品德』。」他好像漠不關心，斜視着我，忽然大聲對我說：「你亂謅？」我只微笑不語！

善惡對錯

跟進青少年的行為偏差個案，我們要讓案主明白，不論這是有計劃，抑或是一時衝動的壞行為，都應當避免，不要因愚昧而做錯事。個人行為的選擇，不論故意與否，都跟個人決定行善或行惡的意念有密切關係。他們面對倫理問題，豈能說自己天真無知？只怕年輕一代欠缺倫理學習，沒有探討良好品德行為發展的各種環節與關係。人生必然會面臨道德考驗和抉擇，讀者的子女是否已經準備「選擇做一個好人」？面對偏差行為的考慮時，該當注意「善路有一，惡路無數」，就是做壞事的方式很多，邪惡本無限定的形式。

青少年是繼幼兒階段後，另一個自我中心期。他們慣常從個人的角度出發，認為自己關心的事是最重要的，個人觀點也十分獨特，只注重個人權利、私人空間和外表形象。

當子女爭取自主權，要向父母說「不」，不答應父母的要求，家長可知道他們的想法？要了解子女如何走過反叛的歲月，筆者會提出「家庭的歷程」這概念。我們不以過去的經歷解釋目前的問題，只把焦點放在成員的當下互動，如何導致連續不斷的連鎖反應。家庭呈現的症狀行為是在壓力下的反應，也源自家庭的不良互動。結果，出現了反復、僵化不變的應對方式，造成問題。

少年人要學習為個人行為和選擇負責，我們不否定個人心理的重要性。「我們無法自由選擇發生在我們身上的事，卻可以選擇用哪種方式來面對這些事，自由做出回應。」所以，我們要好好把握我們所做的，努力掌握一些不會導致做錯事的生活智慧，如亞里斯多德所言：「德性是在我們能力之內的。惡也是一樣。因為，當我們在自己能力範圍內行動時，不行動也在我們的能力範圍之內。既然做或不做，關係到這個人是善還是惡，那麼做一個好人或壞人就是我們能力範圍之內的事情。」

2.「問題」青年看家庭

夫妻對於家庭問題的看法不同，導致彼此的處理方法各異，可使親子關係變得緊張，影響子女的身心發展和福祉。從父母子女的親子互動，可以探究當中一些事情的循環因果關係。**當我走進家庭，關注他們未曾解決的衝突，先處理維持症狀的互動模式後，再處理青少年期的成長問題。**我們不會查根究底，揪出誰是家庭問題的罪魁禍首，家庭成員對現實的理解，有着主觀的看法或自我敍述，這些敍述不僅反映他們的家庭經驗，更重要的是從中看到家庭經驗對個人的意義。對我而言，參與家庭會談是與他們一起尋找對其生活、生命和關係的重新論述，即協作改變對個人對生活的看法，並看清眼前的選擇，將新的選擇付諸行動。

有一句名言：「沒有人能認識自己，除非他願意向另一個人講述他自己。」又有人這樣說：「家庭可以建立人，也可以毀滅撕碎一個人。」家庭有其自身發展改變的歷程，當兒女步入青春期，父母很難完全以權威教導和管理孩子，青少年必然會爭取和建立獨立自主，家庭的歷程和結構關係亦面臨新的挑戰。家長如何理解子女的家庭經驗？父母曾否聽過孩子怎樣說自己的家？先讓我們聆聽幾位反叛少年親述他們「家」的故事！

「那年，我十一歲，目睹父母間一場漫長的鬥爭揭幕。父親對母親不忠的事曝光後，母親一怒之下，跑去澳門借賭洩憤，結果欠下巨債……糟糕的是母親從此染上賭癮，嗜賭如命，終日流連麻將館。每當被爸發現，兩人便大吵大鬧起來，各自數落對方的不是，互揭瘡疤。多少年來，爭吵成了一個惡性循環……我恨他們帶給我們姐妹無止境的痛苦。」

「我承認自己不喜歡被父母佔有的感覺，他們愛我有時太過火，沒有尊重我的獨立和自由……父母親關係雖然穩固持久，然而和諧並不表示沒有問題存在。他們的相處悶氣死板，鮮有嘗試新的東西，為我們帶來改變……我的叛逆起初是在家中引起紛爭，我總是不肯認錯，死死抓緊他人對自己的虧欠不放……更多時候我感到自己是無助的。」

「爸爸死後一個月，媽媽在未有通知我們的情況下，跟她相識多年的朋友祕密結婚。這兩年間，與這個不速之客同住一屋，我非常不愉快……直至某些事情發生，從此我心裏埋藏了一份怨恨，直想把這個男人幹掉！我和媽媽因這個男人吵了不少，關係十分惡劣……為何我們要被扯入這個旋渦之中，最無辜的是我們姐弟呀！」

3. 介入偏差行為個案

跟進青少年偏差行為個案，家庭也會面對倫理的考驗和困境，治療師如何回應不同成員間的的利益衝突，是否以為「尊重個人自主」就可以？還是要考慮倫理責任呢？生命中總有對與錯、好與壞，我思考：「活着可以有很多方式，但某些方式卻讓人不能好好地活。」生活裏有些東西可以學，也可以不學，只看你是否願意。當我們正視自身的驕縱無知，才能判定哪些事適宜做，哪些事不宜，並作出正確的人生選擇！

面對兒童和青少年的偏差行為或精神健康問題時，治療師要做風險評估，考慮家庭的決定，而不單是孩子的個人決定。從個人的心智發展階段來看，兒童必須受到父母和家庭的保護和照顧，在徵得父母及監護人的同意，才能作適切的危機介入，並在遵守專業原則的情況下處理倫理的困境。

當我想起走過成長風暴的少年人，個人和家庭支援就是給他們一艘救生艇。處身這個多元開放的社會，傳統價值崩潰，大大衝擊心智尚未發展成熟的青少年。作為家庭支援者和治療師，我與那些反叛青少年同行時，要效法天父的僕人，堅守我們的生命信念和人的價值。在治療工作中，最大困難是，那些反叛少年受到社會似是而非、自我放任的思想影響，面對社會的不公義時，他們認為自主自由才是表現自我的方式。一位年輕女案主曾挑戰我説：「在這個社會裏，沒有女孩想要跟個窮鬼。正所謂：『仔死仔又來，下個更可愛』！」

4. 網絡色情陷阱

網絡資訊開放，兒女接觸含色情成分的網站、雜誌、圖像、小說、動漫和電影等機會繁多。**色情一般可分為：**

1 **暴力的色情**（Violent Pornography），即是使用暴力，尤其對待女性，認為使用暴力來進行性行為是正常的；

2 **降級的色情**（Degrading Pornography），沒有強調性暴力，卻對女性地位加以貶損；

3 **性愛的色情**（Erotica），以非暴力或非降級色情表現性行為。

學者曾說：「色情是一種對性加以剝削和非人化的產品，將女性視為發洩性慾的對象，甚至被人當作死物一樣來對待。」或者有青少年以為可透過色情增加性知識，但網絡世界提供各種色情影像、圖片、資訊和影片，會使青年人成為色情的俘虜，有人更沉溺在色情中，無法自拔！

阿強的故事——面談

阿強是高中生，慣常深夜不睡，早上經常缺課。初中時，他開始沉溺網絡遊戲和色情動漫。他玩色情遊戲時有特定模式，喜好收集網上巨乳動漫女角和「水着魔女」的圖片，然後剪輯和自製效果，作自慰之用。他還告訴我，他會在 YouTube 觀看免費三級色情影片。阿強偶爾表現自鳴得意，刻意展示自己收藏的「珍品」；有時又故弄玄虛。他表示自己的性需要特強，自慰是一個自然的行為，需要時搔一搔，暫時抒解一下。可惜，他被這個自慰習慣控制，無法自控進行這強迫性的性行為，腦海中滿是跟女人的性幻想。

他的色情成癮行為包括：一旦不做那件事，會感到很不舒服，並且慣用色情使孤立的自己感到被接納。當他的心思被色情佔據時，會對性刺激有很強的渴求和驅迫力，不自覺地想看更多、更激的事物，才能滿足性需要。沉溺色情，無法自拔，否認自己所做的行為已對自己造成影響，更以色情作為個人慰藉，取代健康的人際關係。

與阿強個別對談，發現他從色情資訊獲取的性知識和經驗，比我想像的豐富。他在孤寂時就控制不了慾望，以色情刺激性器官，通過射精獲取快感。他訴說着迷的女性軀體時，言詞大膽。

一般認為家長是向子女傳授性教育的最佳人選，但現實中，許多家長沒有勝任這個角色，他們總感到難以啟齒。**輔導面談時，跟阿強探索有關性的問題，內容不僅涉及身體，同時也要了解他對兩性關係的想法和態度。**

礙於保護私隱，不便洩露對話內容，只能交代，我們探討的性課題涉及性器官的大小、性能力表現和性感覺控制的幻想、半真半假的認知和資料。細心揣度阿強的對話，不難發現他對某些爭論性問題的價值觀，頗受開放的社會觀念影響。他對婚前性行為、同性戀、多名性伴侶和另類性行為等的接受程度甚高。雖沒有直接說出自己會做，但言談間流露出，他不當這是一回事。

治療介入

在心理治療介入階段，我們根據案主和家人提供的信息，思考何時提出恰當的問題。**我會運用循環提問評估技巧，在不冒犯個人隱私的條件下探索阿強的家庭關係。這技巧是提出預設問題，探索和發掘不同家庭成員對於家庭關係或某類事件的不同看法，透過他們表達觀點的差異性，不用直接與個別成員對質，仍能探究及建構出這家庭成員的相互關係圖像。**

事前我向阿強家人提問，如:「誰知道他的上網習慣？」「在這個家庭中，誰能跟他交心？」「看見阿強沉迷網站和打機時，爸媽的反應怎樣呀？」面談中的提問，不僅幫助治療師和家庭成員理解問題的癥結，更可以給予各人重新解釋的機會。為了開啟家庭中的性話題，我嘗試以假設提問，探尋怎樣幫助阿強遠離色情物品和資訊。我們曾提及:「假如你遇上心儀的對象，你會尊重她的身體？」「假如你知道跟你相戀的對象，她對性的態度是開放隨便的，你將怎樣面對她有多個性伴侶？」「假如你愛上的對象，認定婚後才可有性，你怎樣交代自己過往的性經驗和取向？」

提供個人心理治療，對阿強來說算是及時雨。對性的課題，我絕對不是採自由價值（Value Free），也不是毫無持定的價值取向。因應提問的技巧和治療藝術，我絕不會冒犯他人的私隱和脆弱點，但要從不同的角度理解他的故事。

陪伴阿強成長的日子雖短，但相信我們能讓他覺悟在他的性意識如何受色情物品和資訊扭曲，阻礙親密關係的發展，壓抑個人潛能。

5. 阿玲的傷害

回顧青少年涉及性的罪行中，最叫我傷感的，莫過於網絡交友的性罪行個案。香港警務處防止罪案科曾經宣傳「網上虛擬，交心不宜，初初相識，保持警惕」，也提醒家長要特別關注兒女在網絡的交友狀況，不要掉以輕心，以免子女墮進網絡交友陷阱。這些不單是犯法，更嚴重的是青年人被視像、或言行性騷擾，有的甚至會被引誘進行性行為。

有一宗嚴重案例，由求助、報案、檢控和心理支援，經歷頗長時間，涉案青年最終亦被警方起訴。案主是一位初中女生，她與網友第一次約會，便被對方遊説回家一起上網，她誤信「語言偽術」，後果可想而知。她被侵犯，回家後，被父母揭發，媽媽便邀請我作家訪。

案主名阿玲，當我去到她家門口，媽媽應門後，邀請我入屋。我還未坐下，媽媽忍不住眼淚，哭訴家門不幸，停不了訴説自己的羞愧和內疚。「這個混蛋，怎樣可以！我女兒年紀小，為何要侵犯她！」那時，爸爸站近窗台邊。即使媽媽反應激烈，卻表現得很沉靜，不時眼望女兒，跟我點點頭，但始終與女兒保持相對較遠的距離。阿玲坐在梳化，在父母中間，低下頭，一言不發。驟眼看來，媽媽好像強橫無理，像失控的鸚鵡學舌，機械地重複指罵對方是「混蛋」。她拚命從記憶中搜索女兒越軌行為的蛛絲馬迹，但想不通女兒怎麼會交上這個男子，見面又會發生這種事，總之她沒法找到一個合理解釋。最終，阿玲父母決定報警求助，涉案青年也被懲治入獄，阿玲則轉介其他專業人士跟進。

6. 性罪行釋義

從心理學角度，網絡性陷阱往往涉及少年人的好勝貪玩，由對談「朋友性事」，漸漸不自覺墮入陷阱，自招損失。他們在網絡交友時，會把「虛擬情人」與真實生活聯繫，造成一種着魔（Obsession）的感覺，不單讓不良意圖的網友，透過網絡資料，追查案主的家庭背景和私隱，還可利用假身分扮作網友交談。

要讓年輕人明瞭什麼是性罪行，筆者嘗試簡單解釋幾項重要法例：性罪行這個名詞，常見於刑事罪行條例第 12 部第 200 章。性交在法律上是指陰莖插入陰戶的行為，而其他方式的性行為，法律上不算是性交。性交時，只要證明陰莖曾經插入，插入程度並非關鍵，亦無需證明有射精的行為。當中涉及的「非法」性交，**即男女間違反法律的性行為，關鍵不在於發生性行為時「是否違反女方意願」，而是確立「是否未得她同意」，情況包括：**

1 女方當時已被灌醉，不省人事；

2 女方當時熟睡；

3 女方太年幼，無法理解這種行為的性質；

4 她為弱智人士；

5 用欺詐行為掩飾性交的性質；

6 被迫順從，被人以武力所迫，或被威迫要以武力對待；

7 若非男方冒充女方丈夫，女方是不可能確實同意性交的。

男子犯強姦罪，是指他與一名女子進行非法性交，女方不同意，而且當事人明知女方不同意，又或罔顧女方意願，仍要進行。所以，強姦罪的「犯罪意圖」包含在明知女方不同意，或不顧女方是否同意的情況下，仍意圖與女方性交。

另外，其他性罪行涉及「指定性罪行」以及「非法性行為」，其中包括非法獲得受害人同意，或是受害人由於年齡或心智缺陷，即使同意，在法律上仍會視為「非法同意」，這刑事罪行條例於 1991 年修正引伸這些罪名，以保障男子包括「男童」，或女子包括「女童」。與未滿十三歲女童非法發生性行為，即屬違法，可判終身監禁，而與未滿十六歲的女童非法性交，則監禁 5 年。上文的案件中，女童是否同意，在法律上並非關鍵，是無論如何都不可能是「合法」的。

根據精神健康條例，當一名精神錯亂的女子正接受精神病院的治療，或她離院放假期間，任何男子與她，或企圖與她非法性交，即屬違法。另外，與弱智人士非法性交，亦屬違法。

同樣，任何人對未滿十六歲兒童作出，或與該未滿十六歲兒童共同進行粗獷性行為，或促使或企圖促使一男子與該未滿十六歲兒童作出粗獷性行為，俱屬違法，而兒童的同意不成辯護理由。同樣，十六歲以下女童在法律上不可同意任何非禮行為；若非禮十三歲以下男性，即使能夠證明他同意，也不構成辯護理由。

非禮罪行男女都可以干犯，任何人蓄意侵犯他人，而且不單有意侵犯受害人，還有意非禮受害人，即正常人會認為是非禮，即犯了非禮罪。如果子女不幸遭非禮，或遇上性侵犯，應儘快報警及尋求專業法律的協助！

7. 援交獵人

最令家長痛心的，莫過於女兒援交。現今網絡言論自由，對青少年來說，「援交」一詞並不陌生。曾跟進一宗由家人轉介的個案，發現案主跟網友直接對談援交。雪兒是高中女生，直言想「識男仔」，哪怕只能暫時成為對方的女伴，只要他懂得「禮尚往來」，跟他做朋友有何不好。雪兒一臉自豪地說：「這些宅男多的是，他們總是找不到女朋友，跟他們做個Friend，給他一嚐愛情滋味，有什麼問題？我做的是有情有義的事呀！」

雪兒談到徵友時，不承認自己是援助交際，也不承認自己濫交，更討厭別人暗示她有性交易。她認為，這只是社交活動，透過網站或討論區搭訕交談或暗示徵友，只要對方同意，付錢後，她就答應相約見面。她樂意接受對方給予的金錢、手機、手袋和化妝品等，對於扮演「女朋友」的角色，則要視乎對這位「男朋友」是否有好感，也坦然不擔心發生性關係，認為這不過是她的個人選擇。她擔心的是，自己動了真情，不能抽離，被這短暫的愛情弄得死去活來，自作自受。

雪兒對「性、愛、情」態度欠認真，以為自己是「援交獵人」。她在約會中與對方接吻、愛撫和性交，甘心將自己的肉體、心靈交給別人控制和佔有，貶抑自我價值。她看似利用約會向男人展示性魅力，操控男人的感情性事。事實上，她被男人當作性發洩工具。性交過程中，男方很多時不使用安全套，完事後她莫明感到被玩弄、被拋棄，感到自己無價值，也擔心自己意外懷孕及染上性病。可是，她對於性病的認知很少，認為只要男方戴了安全套應可避免。

從病理學說，性接觸傳染病（或稱性病），大部分均是經性接觸感染。無論異性或同性的接觸均有感染機會。性病的種類很多，最常見的是非淋病尿道炎、淋病、疱疹、性病疣、三角虱、陰道滴蟲、軟性下疳及梅毒等。淋病及非淋病性尿道炎是女性常見的性病。淋病徵狀除了小便刺痛外，女性有白色分泌物從陰道流出，兼見尿頻，患者容易忽視輕微病徵，並容易與婦科的白帶病相混淆；非淋病性尿道炎仿似淋病病徵，但其潛伏期較長。

事實上，雪兒輕視性病感染對身體的損害。不理解迅速診治性病的重要性，畢竟細菌會進襲體內其他器官，引致併發症，造成永久傷害。可是，雪兒年輕無知，沒意識到患上淋病及非淋病性尿道炎，一旦失治，將導致泌尿系統發炎及輸卵精管道阻塞的嚴重併發症，最終有機會引致終身不育。醫學上，每一種性病均沒有終身免疫的特性。當患者感染性病後，體內不能產生抗體。所以患者繼續濫交而不採取有效的預防措施，會反復多次感染性病。

雪兒畢業後再沒有主動跟我們聯絡，談話治療進程很短暫，記得最後她說的是，自己會小心身體！

如家長知悉子女有援交行為，應提高關注和主動了解，提醒未成年的子女，他們的行為仍受到父母或監護人的保護和監管，特別留心子女的物質生活變化，以防子女無知、受金錢誘惑，誤信只要不犯法，便不會影響私人生活的謊言。如發現他她進行援交，儘快尋求專業協助！如果發現或相信他們的行為違法，或受不良影響，法庭有權介入或頒布「保護令」。若援交少女被證實曾誘使他人作不道德行為，有機會被警方起訴，承擔刑事責任。

個案九：父母離婚

輔導離婚家庭子女

對於離婚個案，筆者提供的心理支援，除了幫助離異雙方處理失落外，還要處理子女的心理發展。最具挑戰的醫心工作是輔導父母保持協作關係，減輕夫妻在破裂關係裏互相傷害，冷靜地探討子女生活的安排，在探視子女和他們的生活安排方面作出彈性處理，以家庭幸福為首要目標。

臨牀經驗發現，多數求助婦女都有一種困擾，覺得「離婚家庭是不完整家庭」。從傳統家庭觀念而言，完整的核心家庭有父、母和子女。然而，夫婦因婚姻破裂、配偶死亡，或未婚生子等，也會導致家庭結構變成單親。若只看這個殘缺架構，當事人很容易將單親家庭視為不完整，因而產生負面的社會烙印。

事實上，夫妻離婚所造成的單親家庭形態，很容易與因配偶死亡的單親家庭混淆。歸納本地的研究結果，指出離婚家庭的子女普遍與非同住的父 / 母仍保持交往，與永久失去了親人的單親家庭形態不同。假若將離婚家庭貼上單親家庭的標籤，是忽視他們之間的差異。

從認知層面理解，離婚是夫妻之間的婚姻完結，並非家庭系統的完結，家庭不過是以另一種形態存在，父母與子女仍存着不可分割的血緣關係和聯繫。如以單親觀念看離婚家庭，即意味着其中一方必須離開這個家庭，照顧和親職責任完全由某一方負擔。那麼，身兼雙職的父 / 母自然甚感吃力，出現家庭生活「功能缺陷」。輔導過程中，讓當事人認知「雙核心家庭」的觀念和價值，讓離異父母仍能維繫親職的功能，避免離婚後，將對方與這個家庭切斷關係。這是單親家庭支援工作的挑戰！

我跟進離婚個案時，子女較常擔心被標籤為來自「離婚的問題家庭」兒童。所以，很少對別人説「我的父母離婚了」。社會普遍認為單親家庭是破損和不足的，社會福利政策也將單親家庭界定為「有特殊需要的家庭」或稱「最脆弱的一羣」，甚至有人誤解他們是依賴綜援福利，指責他們因親職功能失效導致問題孩童等。

我們會否對離婚家庭的認知存在偏見或誤解？**從家庭抗逆力的觀念出發，我們確信家庭擁有自我痊愈（Self-repair）的能力，只要引導家長成為自己家庭裏的專家，即使離婚家庭也可以培育孩子好好成長。**家庭抗逆力有賴家中各人發揮潛能、轉化關係和成長，走出困境。家庭各成員的投入、溝通、凝聚力、適應力、彼此連繫、相聚時間和效能等至為關鍵，足以左右子女的生活適應、自我形象、心理健康和生命成長。家中成員通力協調合作，方能建立孩子。

打破離婚家庭的迷思

曾跟進不同階層的單親兒童個案，他們多數經歷父母關係破裂，爸爸離家出走，偶爾週末返家探訪。孩童掛念父親，但礙於母親的感受，內心掙扎很少宣之於口。這些突然其來的家庭結構轉變，對孩童的生活帶來很大衝擊。

除了家庭，學校是孩童第二個重要的社會系統，直接影響他們的成長和發展。可是，部分老師對單親家庭的理解不多，往往有種「單親家庭」即是「問題家庭」的觀念，誤以為「離異家庭」的孩童多是有特別需要的學生。這種單以家庭結構給予單親家庭的負面評價，是對當事人的錯誤認知，容易帶給他們無形的壓力。

面對「離婚家庭是問題家庭」的迷思：社會人士普遍理解的單親家庭，是依賴綜援金或親職教育失效等。這是因為婦女婚姻出現問題時，同時亦出現經濟問題，影響相對較大。

歸納過往本地研究後，兩個結果值得參考：

1 對來自婚姻完整家庭的學生，社會的接納程度最大；相反，再婚家庭（把兩個家庭合併為一個新家庭）的接納程度最低，其次是以父親為首的單親家庭。

2 單親家庭的父 / 母對與子女的關係感到滿意。大多數單親子女在學業表現、操行評級上都沒有明顯的退步，甚至個別出現進步的現象。並非所有單親家庭都妨礙其子女成長；多數單親家庭與完整雙親家庭的青少年，在多方面都能彼此相容，差異不太顯著。

觀念更新

要消除既定的看法，教育的作用相當重要，必須催化學校、教師及課本的變革，以反映出社會多元化、各種不同的文化價值觀、不同的傳統、生活方式和轉變中的社會現況。

臨牀個案中，家長與學生在經濟壓力和被標籤下，不太願意參與「家校協作」活動。基於對「離婚家庭」的誤解，忽略了「非與孩子同住的父 / 母」也可以參與活動。而且，活動多以母親參與為主，不太鼓勵父親，甚至是雙親參與，減少了家校協作的可能。其實，尋求離異父母在學校生活上積極協作，是家長支援的重要範圍，有助減低學生因家庭變遷而受到的負面影響。雖然老師邀請離異家長參與，需費心力，甚至會遭他們拒絕，但要正視家庭與教育系統的互相配合，對兒童和家庭支援非常重要。

撕破標籤

經合法註冊的婚姻，夫妻兩人共同對對方有一份終身的責任和承諾。即使夫妻關係在法律上終結，婚姻愛情不再，但仍應遵守對其家庭及子女的契約和責任。**雖然離婚總給人一種錯誤的觀念，是當事人處理不當，導致兩敗俱傷，延禍下一代。但是，父母應避免中傷對方，儘量不要在子女面前發生衝突，也應分擔照顧孩子的責任，彈性處理探望孩子的安排。**「覆巢之下，亦非絕無完卵」，子女不是離婚的導火線，他們的健康成長應是父母的重要考慮。

對子女而言，父母分離只是不同住，並沒有意味着他們失去了任何一方。**只要離異夫婦能以子女的幸福為大前提，在不同的屋簷下，雙方仍能分擔教養及照顧子女的責任，這能對子女所產生的負面影響大大減低。**

離婚家庭不應被冠以「破損家庭」或「不完整家庭」的負面標籤，所謂「良性離婚」就是讓孩子不受傷害。孩子面對的不是「單親家庭」，而是「永遠的父母」，子女沒有因一段婚姻的完結，而失去了任何一方親人。**最重要的是，離異父母放下情緒，以子女的需要和幸福為首要目標，雙方保持融洽關係，冷靜討論子女問題，與子女保持親密關係，分享心事。**父母仍可積極發揮親職教育功能，以「兒女的福祉」為依歸，轉化為家庭與子女成長的祝福！

附：贍養費說明

假若婚姻最終走上離婚的結局，夫妻如何把對雙方的衝擊減至最少，要視乎個人對離婚的主觀理解、成長背景和原生家庭文化。同時，當離婚家庭被冠以單親家庭的稱號時，無形中忽視了非同住父 / 母對子女的支援，未能促進離異父母的協作，無法減低子女在生活變遷中，承受的負面影響。離婚前，父母共同承擔子女生活照顧的責任；離婚後，雖説父 / 母其中一方繼續與子女生活，但另一方也有相同責任，也須承擔子女的生活開支。審訊期間提供的贍養費亦稱為「臨時贍養費」。在頒布離婚最終判令之前，可藉此項命令為有需要人士提供臨時贍養費。簡單來説，按照第 179 章《婚姻訴訟條例》，**法庭根據以下八個參考準則決定應否要對方繳付贍養費：**

1 父母雙方的經濟來源、收入和賺錢能力；

2 雙方各自的一切開支、財務需要、承擔和責任；

3 離婚前雙方的生活水平；

4 雙方的身體或精神健全狀況；

5 雙方對家庭所作的貢獻；

6 雙方的年齡和結婚年期；

7 雙方因離婚導致的利益損失；

8 雙方業權和戶籍協調安排。

何謂贍養費？贍養費是「附屬濟助」，參照婚姻訴訟條例，「附屬濟助」一詞在香港法例第 179A 章《婚姻訴訟規則》第 2 條的定義，**其內容包括九個法令：**

1 **整筆付款令**：這是支付一筆款項的命令，而收款人只限於收取某一個指定總額的款項。頒布整筆付款令的基本理由，是為了滿足妻子的合理要求，以及認定她在這段婚姻中，作為妻子及 / 或作為孩子母親的貢獻。

2 **在訟案待決期間提供贍養費令**：凡在離婚或婚姻無效暫准判令的日期或其後，在訟案待決期間提供贍養費令正在生效，獲判此項命令的一方如已在呈請書、答辯書或共同申請書（視屬何情況而定）中為其本人申請定期付款令，則可以書面請求司法常務官作出此項命令（在本條內稱為「相應命令」），規定按該項在訟案待決期間提供贍養費令所規定的付款額作出定期付款。（1972 年第 135 號法律公告；1996 年第 172 號法律公告）。

3 **廢止產權處置令**：指根據《婚姻法律程序與財產條例》（香港法例第 192 章）第 17 條將產權處置撤銷的命令。

4 **授產安排令**：這命令規定其中一方必須將指定的財產轉歸

受託人管理，受託人會根據信託契約的條款，為受益人（通常是另一方或婚姻關係中的子女）的利益，持有財產。

5 **財產（分配）轉讓令**：這命令規定其中一方必須將他 / 她的資產權益（例如汽車、股票或土地）轉歸另一方。此類命令不能在頒布後再作修改。

6 **定期付款令**：這是在頒布離婚最終判令後才要支付贍養費的命令。法庭可因應收款人的需求及案件之實際情況，將贍養費的持續期局限在一段指定時間內。

7 **有保證定期付款令**：法庭如有理由相信，被判要付款的一方有可能不付款，就會頒布保證定期付款令。

8 **更改授產安排令**：對於經已存在的信託（或稱授產安排），法庭可以更改有關信託或移交的條款。這類命令亦不常見。

9 **更改令**：假如以後發現有更改令的需要，雙方都可以提出要求。對於應否更改，法庭要考慮的因素和作出原來的判令時相同。

當支付人未有遵照法庭判令，拖欠付贍養費，即贍養費支付人屢次無理違反贍養令，沒有準時足額付款，累算贍養費欠款，須向贍養費受款人繳付附加費。**贍養費受款人可循下列其中一個途徑向法院申請附加費，並為強制執行贍養令而提出的法律程序：**

1 民事途徑和法庭申請判決傳票；

2 申請扣款令；

3 申請押記令，將有關物業和不動產變買；

4 申請從支付人的入息來源發出扣押入息令。

四 結語

FAMILY CRISIS

Clinical Practice in Children and Teenagers' Cases

本書記載了不少個案，我們依據學術理論和列舉相關研究結果，提出從事心理治療和支援工作的原則。我嘗試以普及易明的寫作手法，讓普羅大眾和父母，了解家庭治療和心理支援的概念。在我看來，走進家庭的心理治療是臨牀診治的前線工作。若以單純的醫學處理兒童的心智精神疾患，不是整全治療的出路。

家庭的悲情和能力

診治和陪伴求助家庭的經歷中，我有三個最深刻的感受。

第一，兒童患精神 / 情緒病，人們容易輕易責怪母親。而媽媽又會怪責自己，丈夫和家人也會怪責她教導照顧孩子不周。

第二，兒童患病或遇到成長障礙，整個家庭都會承受壓力和困擾。兒女不願意長大，以病患作為與父母對抗的手段，使家庭常常處於鬥爭的狀態，父母身心受傷，賠上健康，全家均受困於不良的家庭功能，家人承受的苦痛真的難當！

第三，作為治療師，與家庭同行，如果不走進家庭或以家庭治療的角度理解，根本無法了解兒童精神疾患和成長障礙怎樣影響家庭生活，無法體會他們真實經歷的苦困。

臨牀實戰上，我不太刻意關心家庭是否兒童行為情緒疾患的成因，而且常見的輕性精神疾患，又稱為官能症（Neurosis），本來就具備心理和生理的因素。我喜歡以真實個案展現家庭治療的同行者面貌，不僅是醫治個人的心理疾患，更要整全照顧患者與家庭的健康生活。當看到患者在成長障礙產生問題和後果，我先制止它惡化，並與家庭同行，走出困局。這樣，才能尋找其他可能，避免更糟糕的結果出現。

作為求助家庭的同行者，在幫助兒童和青少年走過精神健康和心智成長的考驗時，體會案主及其家庭的感受，才是創造生活經驗和意義的能手！

是蜜蜂抑或蒼蠅

或許你聽過這個心理學實驗，有人把相同數量的蜜蜂和蒼蠅放進一個玻璃瓶，把瓶子平放，瓶底朝向透陽光的窗戶，究竟哪一種能飛出瓶子呢？

可能很多人以為蜜蜂較蒼蠅聰明，所以率先逃脫，但事實是，蜜蜂出不來，蒼蠅卻飛走了。由於蜜蜂對光亮的習性喜好，會朝着光飛往瓶底。透光的玻璃瓶是神祕之物，蜜蜂從未遇見、無迹可尋，只有重複那合乎舊有邏輯的行為，不停飛往瓶底碰壁，最終倒斃瓶底。相反，蒼蠅不理會亮光，四處飛動，從混亂中發現瓶口，自能重獲自由和新生。

個人如何感知和組織自己的經驗，不知不覺間支配着他/她的情緒和行為。在日常生活中，你曾否出現一些扭曲以及與現實情境偏差的思維呢？或許曾墮入思想陷阱，如「非黑即白」（Absolutist Thoughts）、「妄下判斷」（Arbitrary Inferences）或是「以偏概全」（Overgeneralization）等，導致個人錯誤理解現實狀況。慣常不自主的錯謬思想，尤如蜜蜂一樣，把自己禁錮在負面和錯誤詮釋的生活困境裏！

這些謬誤的思想不單存在個人身上，從人類歷史可見，人曾把精神病歸因於超自然力量、魔鬼附身，甚至是驅邪巫術。最出名的「狼人症候羣」（Werewolf Syndrome）案例，患者相信自己被狼附身，真的成了一隻狼，模仿狼羣行動生活的異常集體行為。隨着心理和精神醫學發展，社會否定了惡魔、女巫、鬼神邪靈之説。但歷史卻告訴人們，在社會不安的時期，偶爾也會出現集體瘋狂行為。這時，要理性思考，對個人經歷事件的解釋，需被重新檢視。

給家庭的話

面對求助個案，我想起有句話：「我們生命中的不幸，都源於對發生在我們身上事件的錯謬見解。」有時候，難免像蜜蜂一樣遇上無法理喻，甚至無法逾越的籬牆。

在我看來，我們要如蒼蠅般，不應該僵化地參照某種治療模式的規定，而是按家庭真實的需要，擴展他們的選擇和可能性。在處理症狀時，轉化為與家庭共同發展的目標，打破維持症狀的互動模式。西方治療大師的臨牀經驗顯示，家庭衝突和家庭功能失調，與心理疾患和症狀的持續關係密切。所以，我更希望求助的兒童、青少年及其家庭不要自困，相信尋求輔助，是能夠改變的。

我們不敢以專家自居，更不是全能的治療者，有能力改變家庭，事實上面對那麼複雜的家庭經歷，我們不一定知道怎樣圓滿解決。但是，因你們願為個人和家庭的生命和健康負責，所以邀請我走進你們的家庭，與家人同行互信並肩作戰。我相信你們和家庭有能力處理自己的問題，也願你們能成為家庭裏的專家，看到家庭改變的可能性，邁向新的發展和出路。

鳴謝

完成這本《兒童及青少年心理個案——專家會診及治療》後，我心懷感恩。回想十多年前唸碩士和博士的年頭，每逢週末週日，必定準時返抵觀察房間，現場觀看馬麗莊教授的臨牀治療，偶爾被她即場提問，擔心自己答不出來，自知學術理論仍有很多不足之處。及後，有幸跟隨她在治療室內現場經歷家庭治療歷程，獲益良多。最受益的教導，不是她給我的個案面談，而是提點和要求我盡本分，好好預備治療房間，等候和接待求助家庭前來，這是專業謙遜態度的修煉，矯正自己驕傲無知的陋習。

我特別多謝精神科主任醫生陳向一教授，他給我在醫院臨牀心理科會診中國內地的病人和家庭個案，幾年來定期接見不同精神疾患者及其家庭，讓我擴展治療視野和精神病理學知識。感恩能跟馬麗莊教授及各專家一起研習個案影帶，記錄督導學習。今天，我獨立自行，在心理和家庭支援道路上遇見專科醫生同行者，他們伴隨我走進家庭，給我寶貴的醫療臨牀知識，並發揮協同治療團隊效應，為家庭提供互補與支持。有時，我為找不到治療方向，而深感困惑；但醫生團隊的意見和想法，讓我在孤獨的思考過程中，如有着雨露的滋潤和陽光的盼望，打開新的想法和其他可能。

我的家庭故事和個案紀錄不具怎樣的學術價值，請勿見笑。我相信若然以論文寫作方式記錄本土個案，倒不如通俗平民化，以社會普及教育為目的，讓醫生醫心團隊的生命故事遍傳天下，把我與相遇家庭的生命傳奇，化作雲彩，透進不同角落的家庭裏，豈不是浪漫又帶點反傳統；那麼順其自然，卻又超越束縛，尋找主流學術觀念的新可能。既然如此，就讓我遊走於建制系統的框架，自由體驗社會邊緣的真實人生。

執筆至此，我的思緒飛向曾扶持伴行的兒童和青少年生命裏。但願我能與不同生命伴行，看見他們健康成長，期待他們為社會創立美好的將來和發展，貢獻自己微小的力量。在此感謝突破出版社編輯團隊的鼓勵和支持，給予我跟讀者交流的機會。

筆者從事兒童及家庭心理支援工作多年，感恩有機會接觸精神疾病個案的患者，或經歷成長風暴中的少年人，還有他們的父母和家庭。誠然，治療就是通過治療觸發患者在個人、人際、家庭或社會層面的改變；亦是治療師的專業和學術之旅，並聯繫起案主及其家庭的康復之旅。心理治療是我生命旅途的寶盒，讓我察看案主生命改變的可能，記錄與求助家庭並肩作戰的治療團隊，一起成長的生命歷程。

摯誠送給讀者這首詩歌 *You Raise Me Up*：

When I am down and, oh my soul, so weary
When troubles come and my heart burdened be
Then I am still and wait here in the silence
Until you come and sit awhile with me

You raise me up, so I can stand on mountains
You raise me up, to walk on stormy seas
I am strong, when I am on your shoulders
You raise me up...To more than I can be

2014 年 4 月 19 日香港

後記

或許讀者會問：「什麼是心理治療？那些自稱或被稱為心理輔導 / 治療的『所謂』專家，應該相信嗎？」當讀者有這個問題，自己心中可能已有答案吧！對於心理治療是什麼，希望透過這本書的精神疾患和臨牀治療為案例，向讀者提供較全面的介紹，加強整全的心理治療觀念。當個人需要選擇心理治療或支援服務時，可作參考資料。

部分國家或地區對於應具備什麼專業資格才可以稱為心理治療師，並沒有明確規範。香港仍沒有註冊制度監管心理治療師。一般來説，提供「談話治療」的人通常被稱為治療師。治療師可能是精神科醫生、臨牀心理學家或是具備心理治療專業訓練的精神健康的專業人士。

心理治療包含許多不同的學派理論，參照英國皇家精神科學院資料，心理治療應包括「心理動力治療」、「行為治療」、「認知行為治療」、「家庭及婚姻治療」等，並以個人、小組 / 團體及婚姻 / 家庭治療形式進行。我寫這本書，期待帶領讀者從認知治療、家庭心理支援、個人輔導和社會文化等多重視角，了解治療師與專業團隊及家庭共同努力的生命故事。

事實上，在精神醫學領域和治療方式也有不同的觀點理論。對於要使用哪類心理治療或藥物治療，存在不同的看法。

況且，人們對心理疾病的偏見或誤解，並不意味他們認為必須接受治療或想接受治療。心理治療並不只是純粹的醫學治療，但卻必須經過事先診斷評估，診斷應用本身已是專業訓練，並非一件容易的工作。

簡單來說，心理治療被定義為一種心理程序，其治療目的是藉由特殊的心理互動，完成有利個人、家庭或羣體的心理轉變，當中包括目標、對象、方法及訓練四個範圍。對象，即是具有心理衛生問題的個人或其家庭成員，以減緩或治愈該疾病為目標。治療方法建基於臨牀經驗和學術研究，並具備系統性治療技術訓練。可是愈來愈多心理治療提供者，未必接受過督導和深入的精神健康及臨牀心理治療訓練，所以當讀者要選擇合適的治療師時緊記仔細挑選。

參考資料

Amato, P. R., & Gilbreth, J. G.(1999). Non-resident Fathers and Children's Well-being: A Meta-analysis. *Journal of Marriage and the Family*, 61(3): 57-575.

Attword, T.(1998). *Asperger's Syndrome: A Guide for Parents and Professionals*. Philadelphia: Jessica Kingsley Publishers.

Baddeley, A. D.(1990). *Human Memory: Theory and Practice*. London: Lawrence Erlbaum Associates.

Beck, A. T.(1976). *Cognitive Therapy and the Emotional Disorders*. Madison: International Universities Press.

Beck, A. T., Rush, A. J., Shaw, B. F., & Emery, G.(1979). *Cognitive Therapy of Depression*. New York: Guilford Press.

Beck, J. S.(1995). *Cognitive Therapy: Basics and Beyond*. New York: Guilford Press.

Bowlby, J.(1969). *Attachment and Loss. Vol.1*. London: Hogarth Press.

Cozolino, L.(2002). *The Neuroscience of Psychotherapy: Building and Rebuilding the Human Brain*. New York: W. W. Norton & Company.

Conners, C. K. et al.(2001). Multimodal Treatment of ADHD in the MTA: An Alternative Outcome Analysis. *Journal of the American Academy of Child and Adolescent Psychiatry*, 40(2):159-167.

Diagnostic and Statistical Manual of Mental Disorders, 5th Edition. (2013). American Psychiatric Association.

Faber, A. J.(2002). The Role of Hierarchy in Parental Nurturance. *American Journal of Family Therapy*, 30: 73-84.

Hollon, S. D., & Beck, A. T.(1986). Cognitive and Cognitive-behavioral Therapy. In Garfield, S. L., & Bergin, A. E. *Handbook of Psychotherapy and Behavior Change*(Part III, Chapter 10). New York: John Wiley & Sons, Inc.

Gutstein, S. E., & Sheely, R. K.(2002). *Relationship Development Intervention with Young Children: Social and Emotional Development Activities for Asperger Syndrome, Austin, PDD and NLD*. London: Jessica Kingsley Publishers.

Hynd et al.(1990). Brian Morphology in Developmental Dyslexia and Attention Deficit Hyperactivity Disorder; Morphometric Analysts of MRI. *Journal of Learning Disability*, 24: 141-146.

Ives, M.(1999). *What is Asperger Syndrome, and How Will it Affect Me?* London: The National Autistic Society.

Koo, B. W. S.(2000). Working with Bereaved Children. In Chan, C., Ho, S., Chow, A., Koo, B., Tin, A., & Koo, E. *Innovative Bereavement Care in Local Practice*. Hong Kong: Jessie and Thomas Tam Center.

Kung, W. W., Hung, S. L., & Chan, L. W.(2004). How the Social-cultural Context Shapes Women's Divorce Experience in Hong Kong. *Journal of Comparative Family Studies*, 35(1): 33-50.

Lam, K. S., & Ho, T. P.(2010). Early Adolescent Outcome of Attention-deficit Hyperactivity Disorder in a Chinese Population: 5 Year Follow-up Study. *Hong Kong Medical Journal*, 16(4): 257-264.

Laird, J.(1995). *Family-centered Practice in the Postmodern Era*. Alliance for Children and Families, March, 150-162.

Lam, C. M.(2003). In Search of the Meaning of Parent Education in the Hong Kong-Chinese Context, In M. J. Kane. *Contemporary Issues in Parenting*(pp.111-124). New York: Nova Science Publisher, Inc.

Lau, Y. K.(2004). Nonresident Parents' Participation in Non-residential Parenting in a Chinese Context. *Journal of Divorce and Remarriage*, 40(3/4).

Maine, M.(1999). The Gap in Treatment. *Clinical Update*, 1(6): 1-3.

Ma, L. C.(1987). The Practice of Family Therapy in Hong Kong: A Cultural Dilemma. *Hong Kong Journal of Mental Health*, 16(2): 56-62.

Ma, L. C., Pun, S. H., & Lai, Y. C.(2004). Help-seeking Experiences of Hong Kong Chinese Families Seeking Child and Adolescent Psychiatric Consultation——A Qualitative Study. *Hong Kong Journal of Mental Health*, 23(1&2): 20-41.

Micucci, J. A.(1998). *The Adolescent in Family Therapy*. New York: Guilford Press.

Minuchin, S.(1978). *Families and Family Therapy*. London: Tavistock Publications.

Minuchin, S., & Fishman, H. C.(1981). *Family Therapy Techniques*. Cambridge: Harvard University Press.

Minuchin, S., & Nichols, M. P.(1993). *Family Healing: Tales of Hope and Renewal from Family Therapy*. New York: The Free Press.

Minuchin, S., Lee, W. Y., & George, M. S.(1996). *Mastering Family Therapy: Journeys of Growth and Transformation*. USA: John Wiley & Sons, Inc.

Nichols, M. P., & Fellenberg, S.(2000). The Effective Use of Enactments in Family Therapy: A Discovery-oriented Process Study. *Journal of Marital and Family Therapy*, 26: 143-152.

Osterweis, M., Soloman, F., & Green M.(1984). *Bereavement: Reactions, Consequences and Care*(Report by the Committee for the Study of Health Consequences of the Stress of Bereavement, Institute of Medicine, National Academy of Sciences). Washington: National Academy Press.

Penn, P.(1982). Circular Questioning. *Family Process*, 21: 267-280.

Silverman, P. R., & Worden, J. W.(1993). Children's Reactions to the Death of a Parent. In Margaret, S. S., Wolfgang, S., & Robert, O. H., *Handbook of Bereavement Theory, Research and Intervention*, Chapter 20. Cambridge: Cambridge University Press.

Sundberg, M. L., & Michael, J.(2001). The Benefits of Skinner's Analysis of Verbal Behavior for Children with Autism. *Behavior Modification*, 25: pp.268-274.

Walsh, F.(1998). *Strengthening Family Resilience*. New York: The Guilford Press.

Wolfelt, A. D.(1996). *Healing the Bereaved Child, Grief Gardening, Growth Through Grief and Other Touchstones for Caregivers*. Fort Collins: Companion Press.

Worden, J. W.(1996). *Children and Grief: When a Parent Dies*. New York: Guilford Press.

Worden, J. W.(1991). *Grief Counseling and Grief Therapy: A Handbook for Mental Health Practitioner(2nd Ed.)*. New York: Springer.

World Health Organization(2007). Mental Health: A State of Well Being. Website: http://www.who.int/features/factfiles/mental_health/en/

Yin, R.(1994). *Case Study Research: Design and Methods (2nd Ed.)*. Thousand Oaks: Sage.

Zambelli, G. C., Clark, E. J., Barile, L., & Jong, A. F.(1988). An Interdisciplinary Approach to Clinical Intervention for Childhood Bereavement. *Death Studies*, 12: 41-50.

Zubrick, S. R., William, A. A., Silburn, S. R., & Vimpani, G.(2000). *Indicators of Social and Family Functioning*. Australia: Department of Family and Community Service.

馬麗莊、溫淑芬、黃美菁、梁玉珍著，《家庭健康教育手冊：父母篇》，香港：香港中文大學社會工作學系家庭及小組實務研究中心，2007。

孔繁鐘編譯，《DSM-IV-TR 精神疾病診斷準則手冊第四版（內文革新版）》，台北：合記圖書出版社，2007。

東尼艾伍德著、劉瓊瑛譯，《亞斯伯格症進階完整版：寫給家長、患者和專業人員的完全手冊》，台北：智園出版社，2009。

天寶葛蘭汀著、廖婉如譯，《我看世界的方法跟你不一樣：給自閉症家庭的實用指南》，台北：心靈工坊文化，2012。

心理與栽培系列最新書目

生活與輔導

書名	作者
婚姻，你真的懂？	上官賢恩、蔡元雲等
情難捨 —— 為誰而愛，為何相分？	霍玉蓮
改寫未來的 9 種生存力	區祥江、周偉豪、區穎珩
工，唔係咁打！	伍詠光
情緒有益	李兆康、區祥江
幸福的實踐 —— 婚姻輔導解構	黃麗彰
總有一次失戀	馬妙如、區祥江等
化解婚姻中的 13 種危機	區祥江
戀愛出事的理由	伍詠光
饒恕果真如此輕易	霍玉蓮、蔡元雲、陳佐才等
發現家庭復原力	羅健文
愛在點滴親和間 —— 九型人格親密關係新啟示	霍玉蓮
喜樂工程 —— 以正向心理學打造幸福人生	湯國鈞、姚穎詩、邱敏儀
快樂軌迹 —— 10 個正向心理學的生活智慧	區祥江
婚之恩．分之痛	李耀全、黃麗彰、陳維樑等

發現家庭復原力

作者：羅健文

女兒逃學了，為什麼？

兒子喝咳藥水成癮，怎幫助他？

媽媽患上創傷後壓力症，還會康復嗎？

太太離世了，老伴怎樣生活下去？

一個個面對不同病患困境的家庭，如何復原？

治療團隊走出診症室，與家庭同行，發現康復的力量就在家人身上！